그 ▪ 림 ▪ 해 ▪ 설

타임마케팅

- 미야 에이지 지음
- 어 윤 태 편역

한국산업훈련연구소
Korea Industrial Training Institute

저자서문

이 「도설(圖説) 타임 마케팅」은 마케팅의 제반활동을 '시간'이라는 개념을 바탕으로 생각하고 분석한 것이다. 즉 시간이라는 금실(金絲) 고리 (Chain)로 마케팅의 체계화를 시도한 것이라 할 수 있다.

오늘의 현대사회는 곧 시간사회라고 해도 과언이 아닐 만큼 시간이 차지하는 비중이나 그 중요성은 대단히 부각되고 있는 것이다.

더구나 사회 전반적인 변화속도는 더욱 가속화 되고 '시간은 돈이다' 또는 '세월은 화살과 같이 빠르다'는 말이 과거 그 어느때보다도 절실하게 느껴질 만큼 시간에 대한 의존도는 더욱 높아져 가고 있는 것이다. 이를테면 시간교(時間敎)라고 하는 신흥종교가 탄생하여 시간을 신격화(神格化)하면서 전세계적으로 확산되고 있는 현상이라고 비유할만 하다.

특히 비즈니스 사회에서는 시간은 최대의 제약조건(制約條件)이면서 또한 최대의 비즈니스 찬스가 되기도 하기 때문에 때로는 비즈니스 그 자체가 시간에 의하여 진부화(陳腐化)되고 마는 경우도 있다. 따라서 비즈니스 사회는 전적으로 시간에 의존하고 있는 것이다. 아니 예속되고 있는 상태라고 표현하는 것이 오히려 적절할지 모르겠다.

전략은 시간단위로 입안되며, 자금 또한 시간단위로 이동 또는 증식된다. 비즈니스맨은 시간에 맞추어 출근하고 업무에 임하고 있으며, 그 업무는 기간별로 평가되고 있다. 또한 공장에서는 시간에 의하여 제품을 생산, 유통시키고 있으며 이에 따라 소비자는 이들 제품을 차례대로 소비시켜 나가고 있는 것이다.

모든 것은 시간이라는 스케일로 계획되며, 시간이라는 템포로써 비즈니스 사회는 진행되어 간다고 할 수 있다.

말하자면, 시간이라는 제왕(帝王)의 명령하에 시간이라는 벨트컨베이어에 실리어 일순간 지체도 없이 진행되는 것이 바로 비즈니스 사회인 것이다.

그런데 비즈니스 사회에서는 이와 같이 시간의 중요성에 대하여 충분히 인식되고 있음에도 불구하고 학문적으로 시간을 비즈니스론(論)으로 체계화시킨 것은 지금까지 전무한 상태라고 할 수 있다. 가끔 여러 이론 속에 시간이 부분적으로 등장하고 있을 뿐이었다. 특히 마케팅론은 다이내믹한 기업행동과, 다이내믹하게 변화하는 시장과의 관계성으로 성립되는 학문임에도 불구하고 이렇게 시간을 축으로 하여 체계적으로 다룬 것이 없었다는 것이다. 다만, 시장기회나 제품 라이프 사이클, 모델 체인지, 저스트 인 타임 배송시스팀 등 시간을 베이스로 하는 개념이나 노하우를 단편적으로 다루는 것에 그쳤던 것이다. 그래서 시간을 테마로 하여 시간에 의하여 마케팅을 재구축해 보고자 한 것이 바로 이 「도설(圖說) 타임 마케팅」이다. 즉 시간을 척도로 하여 마케팅을 새로운 시각에서 재조명해 보고자 한 것이다.

원래 마케팅이라는 것은 과거처럼 생산자 중심의 일방적인 논리로 기업전략을 생각하는 것이 아니라, 소비자 측면에서의 논리(소비자 지향)를 철저하게 염두에 두고, 기업전략을 지금까지와는 전혀 반대되는 입장에서 재검토해 보겠다는 관점에서 출발한 학문이다.

그 결과로 마케팅 이론의 구축의 저변에는 '역전(逆轉)의 발상' 또는 '새로운 발상의 추구' 등을 최우선으로 하는 발상법의 정신(Spirits)이 매우 짙게 깔려 있는 것이다.

이와 같이 발상의 참신성과 시간을 조화시켜 한차원 다른, 즉 마케팅론에서 말하고 있는 Differential Advantage적으로 마케팅을 제안한 것이 이 타임 마케팅이다.

타임 마케팅이라는 용어는 별로 귀에 익숙치 않은 말이나 앞에서 말한 바와 같이 마케팅 이론의 새로운 발상, 새로운 이론 전개의 하나로써 위치를 부여해 보고자 생각한 것이다.

본서는 '도설(圖說)' 시리즈이기 때문에 모든 설명문은 생략하였으며, 오직 그림과 표로써만, 그리고 간단한 코멘트만으로 전개해가는 프레젠테이션 방법을 채택하고 있다. 그렇기 때문에 독자들은 다소 설명이 미흡하다고 느껴질지 모르겠으나 이 책이 바라고 있는 것은 독자 스스로가 나름대로 생각하고 이해하며 독자적인 발상으로 논리를 전개해 보거나 실무에 응용해 보면 좋을 것이라 생각하는 것이다.

그것은 마치 하나의 테마를 머리 속에 간직하고 미술관에서 그림을 감상하는 것과 같이 각각의 작품을 자기 나름대로 느끼고 이해하며 인상(印象)을 형성해 나갔으면 하는 것이다.

궁극적으로는 이 책이 독자들에게 마케팅 발상의 지적 자극이 될 수 있다면 저자로서는 더이상 다행스러운 일이 없을 것이다.

본서는 제1부와 제2부로 구성되어 있다. 제1부는 '타임 마케팅이란 무엇인가'를 주제로 다루고 있으며, 타임 마케팅의 분류를 시도해 보았다. 마케팅에 있어서의 시간의 중요성 및 그 영향도를 크게 6가지로 대(大)분류하였으며, 다시 이것을 세분하여 30가지로 소(小)분류하였다.

제 1 부에서는 이와 같은 분류에 따라 차례대로 설명해 나갔으며, 타임 마케팅의 기본과 응용으로 구분해 보았다.

제 2 부, 마케팅 믹스에 있어서는 타임 마케팅이 어떠한 형태로 전개되는가 하는 것과 현재 마케팅 분야에서 지대한 관심을 불러 일으키고 있는 Key Word와 타임 마케팅과의 관계는 무엇인가에 대하여 다루어 보았다.

본서를 통하여 타임 마케팅이라는 것이 재미있게 생각되거나 새로운 접근의 이 타임 마케팅의 개념 전개가 현재는 다소 미흡하지만 앞으로 발전 가능성이 있겠다고 느껴진다면, 그리고 마케팅 그 자체의 발상 전개의 새로운 패턴에 흥미를 갖게 하는 느낌을 받는다면 저자는 그 이상의 기쁨은 없다고 생각하는 바이다.

1992년 7월

목 차

제 1 부 타임 마케팅이란

제2부 마케팅에 있어서의 타임 마케팅

부록　타임마케팅이란

제 1 부

타임 마케팅이란

MARKETING

제1장 타임 마케팅(Time Marketing)이란

1 마 케 팅 이 란

【그림 1】 마 케 팅 이 란

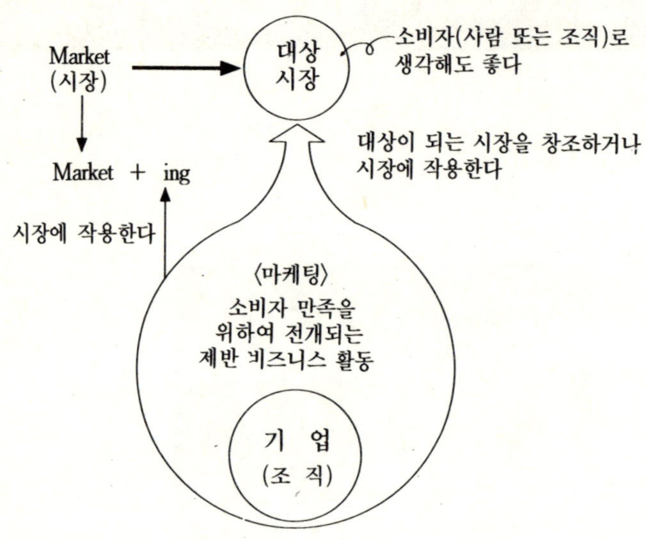

【그림 2】 마케팅의 발전과정

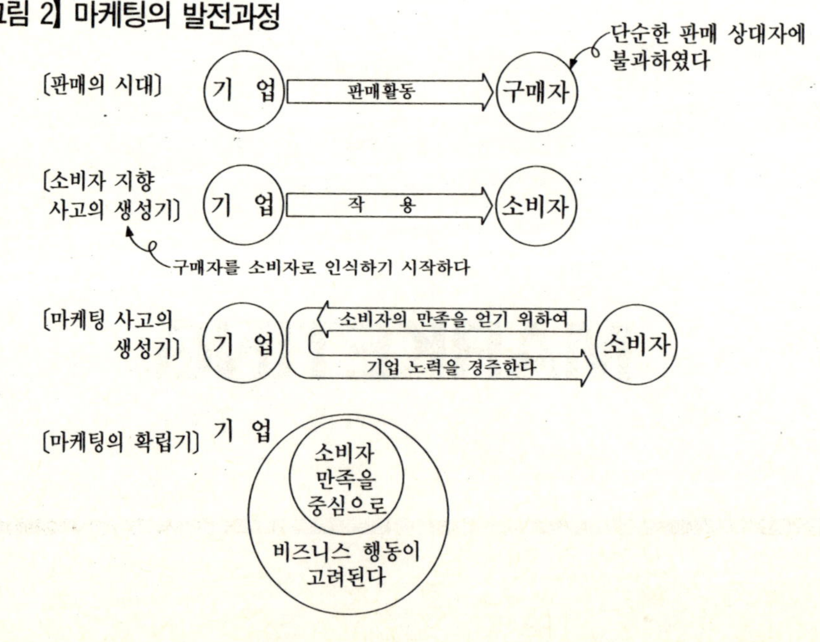

【그림 3】 마케팅의 발전 프로세스(Process)

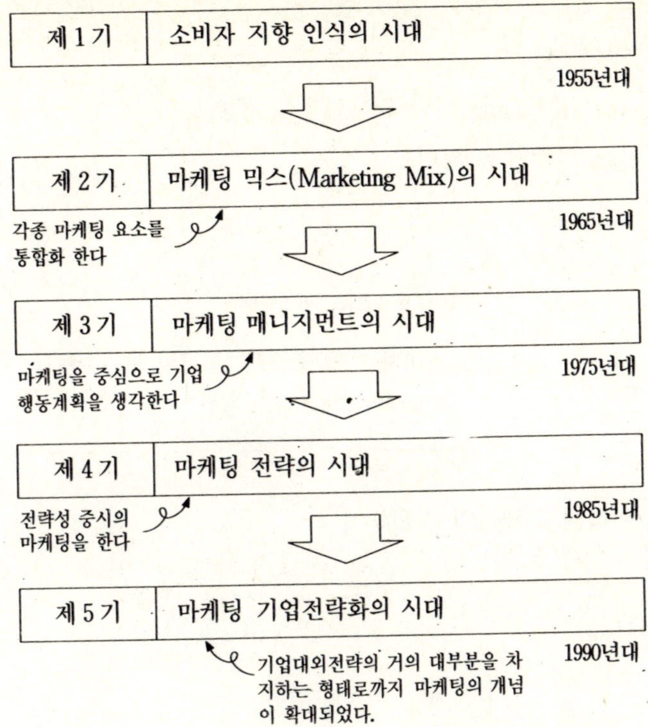

【그림 4】 경영에서의 기본형의 변화(경영행동의 마케팅化)

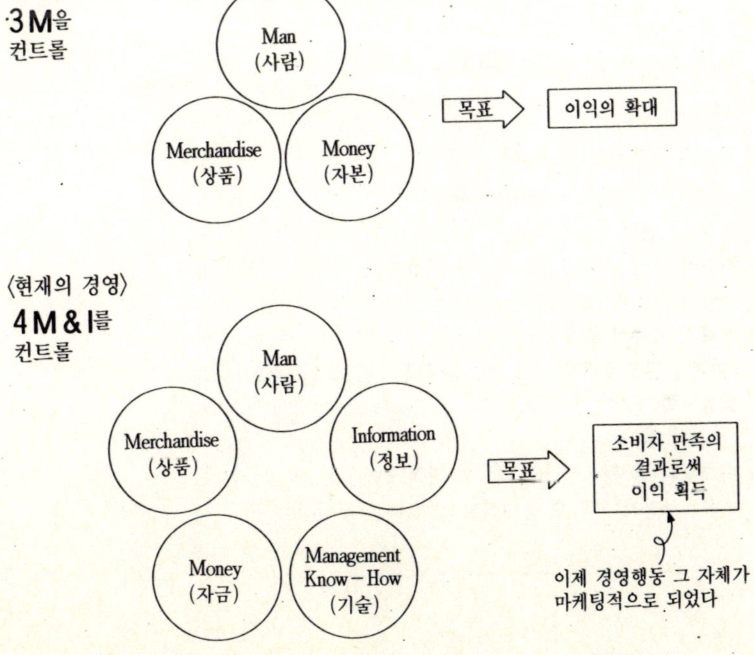

2. 타임 마케팅이란

【그림 1】타임 마케팅이란

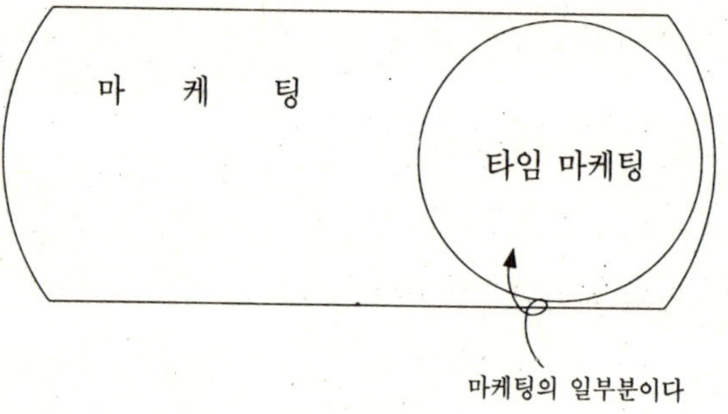

【그림 2】마케팅에 있어서 타임 마케팅의 위치부여

〈표 1〉타임 마케팅의 특징·이점이란

ⅰ 시간의 재인식을 촉진시킴
　·시간의 일과성적(一過性的) 특징
　·타이밍 선택의 중요성 등
ⅱ 시간적인 면의 비즈니스 찬스를 인식시킴
ⅲ 마케팅 활동의 시간관리가 중시됨
ⅳ 미래의 예측이 중시됨
　(미래를 앎으로써 현재의 행동을 결정할 수 있기 때문)
ⅴ 효율·합리성이 중시됨
　(시간의 절약)
ⅵ 마케팅의 발상시 시간의 해석이 지적(知的) 원천이 되기
　쉬움 (시간적 가치가 증대하고 있기 때문에 이점이 큼)
　　　　　　　　　　　　　　　　　　　　　　　　등

【그림 3】 타임 마케팅에서의 '시간'이란

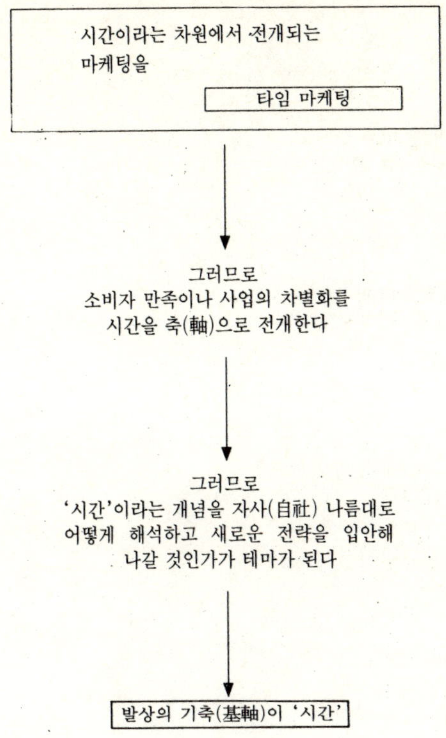

【그림 4】 왜 타임 마케팅이 필요하게 되는가

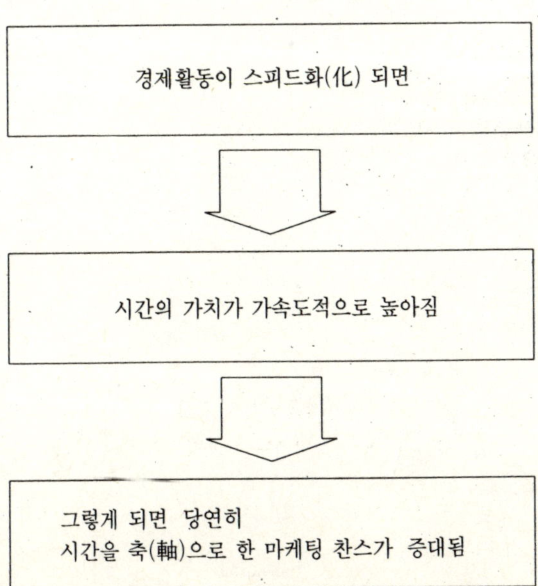

3 비즈니스에서의 시간의 개념

【그림 1】 기업에서의 시간이란

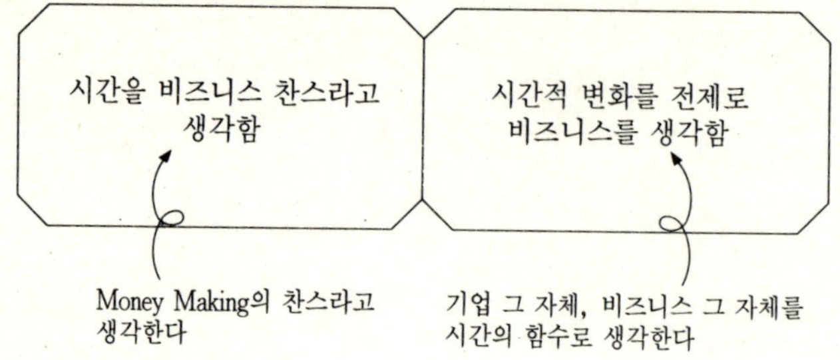

【그림 2】 변화란, 가속도란

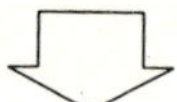

더구나, 현대사회는 가속도적으로 변화를 계속하고 있다

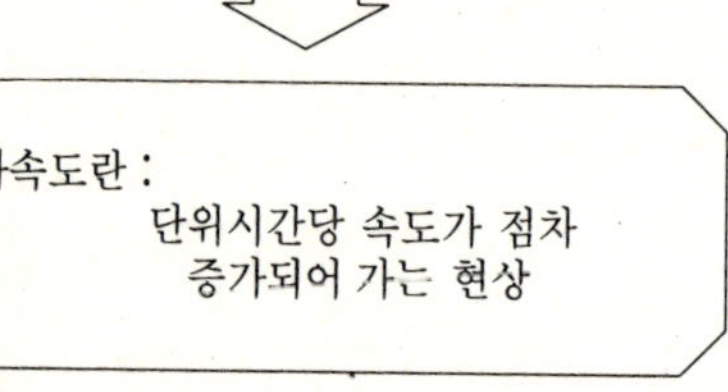

즉 현대사회·기업행동은 시간의 좌표축(座標軸) 속에서 전개되어가고 있다. 바꾸어 말하면 기업행동을 시간을 기축(基軸)으로 체계화 해 보면 문제가 해결되거나 그 실마리를 발견할 수 있는 가능성이 높다는 것이다

【그림 3】 현대의 비즈니스 사회란

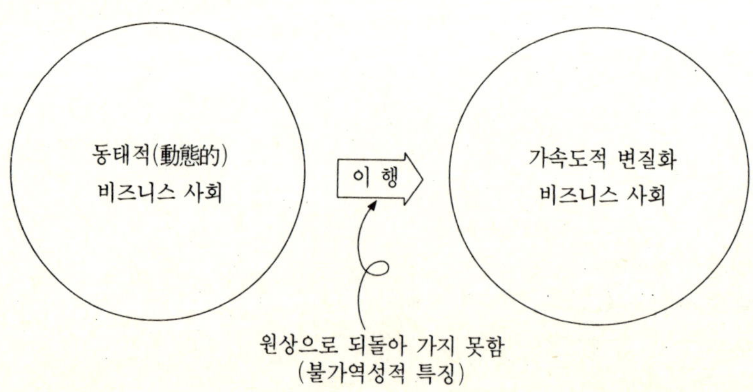

【그림 4】 현대 비즈니스 사회를 표현하는 말

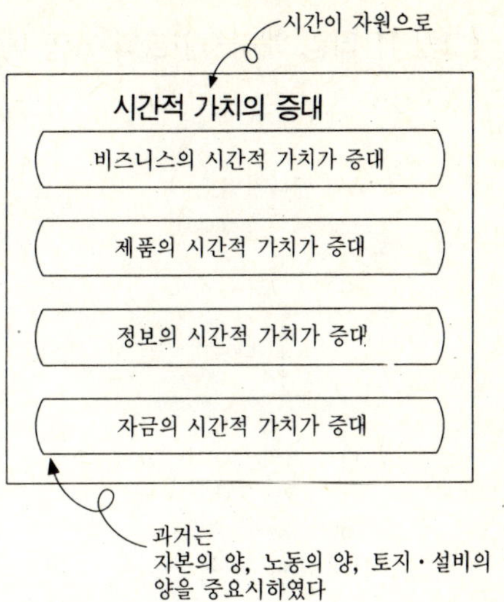

시간이라는 좌표에 위치를 부여하는 용어가 많다

【그림 5】 시간적 가치의 증대

【그림 6】 기업 환경에의 적응행동은 변화(시간)와의 전쟁이다

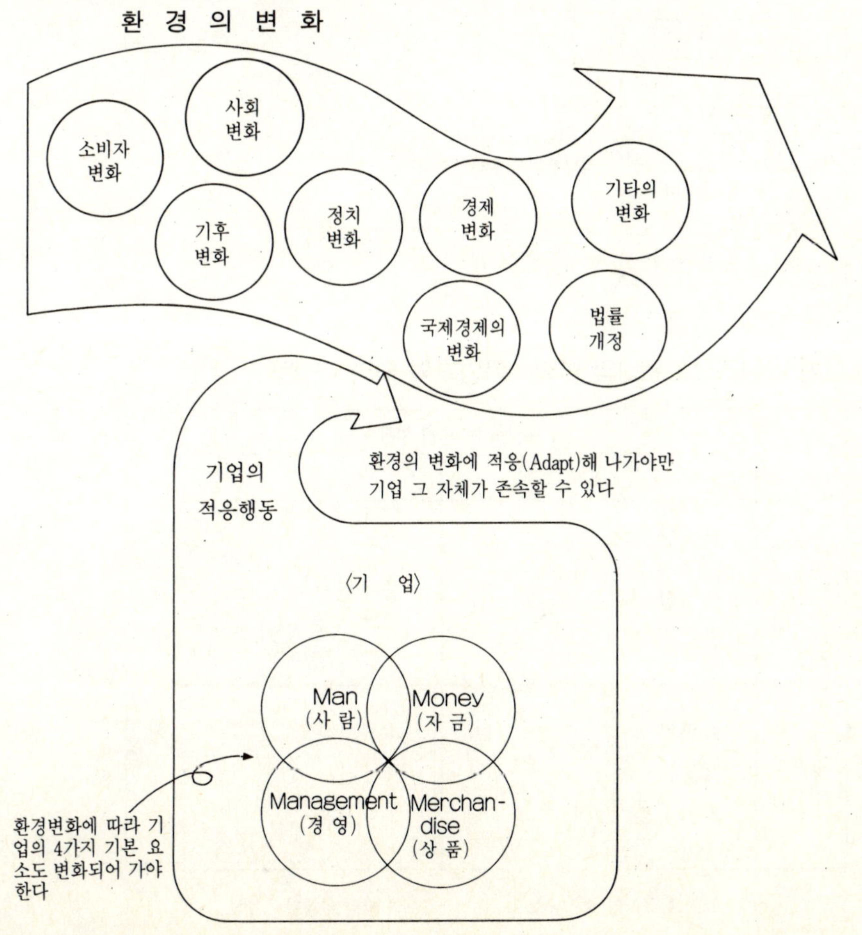

4 기업전략과 타임 마케팅

【그림 1】 타임 매니지먼트와 타임 베이스 매니지먼트

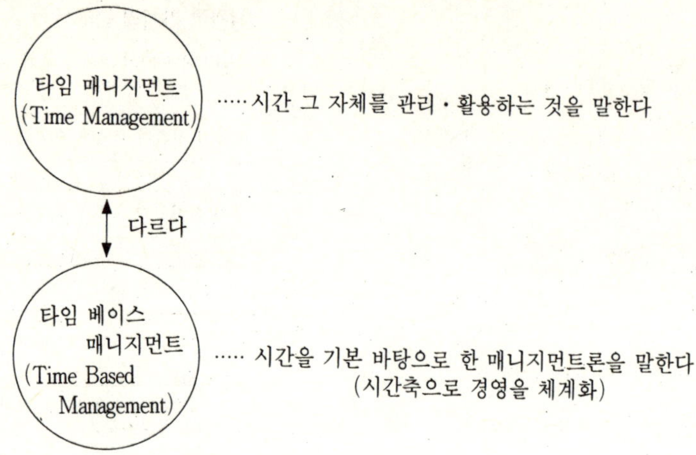

【그림 2】 기업행동에 있어서의 시간의 중요성

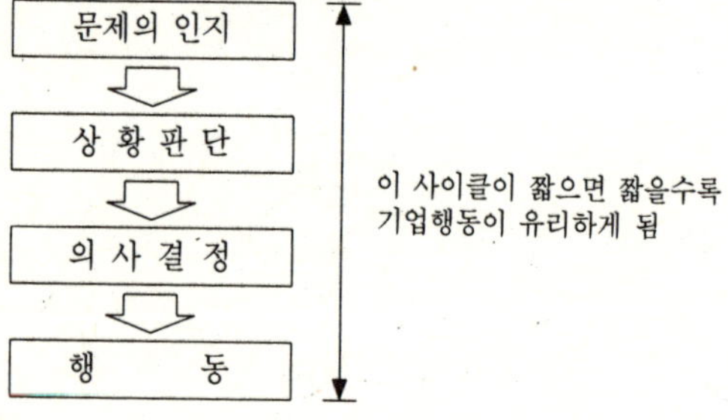

〈표 1〉 소비자 니즈(Needs)의 변화·다양화와 타임 마케팅

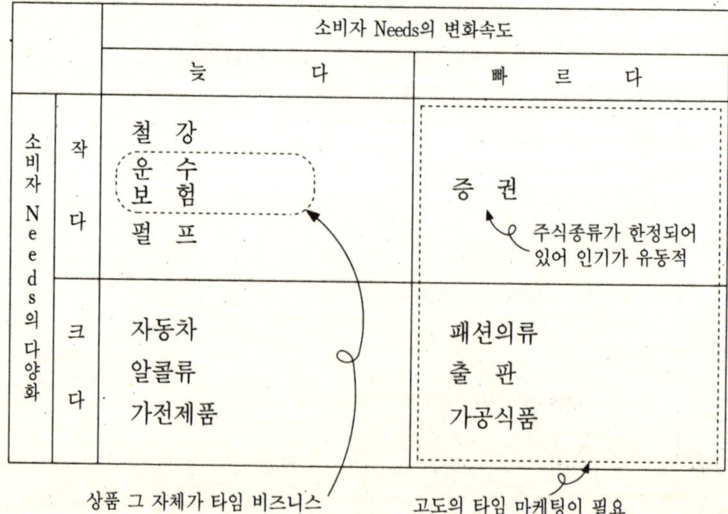

【그림 3】 기업에 의한 환경에의 적응 행동(Adaptive Behavior)

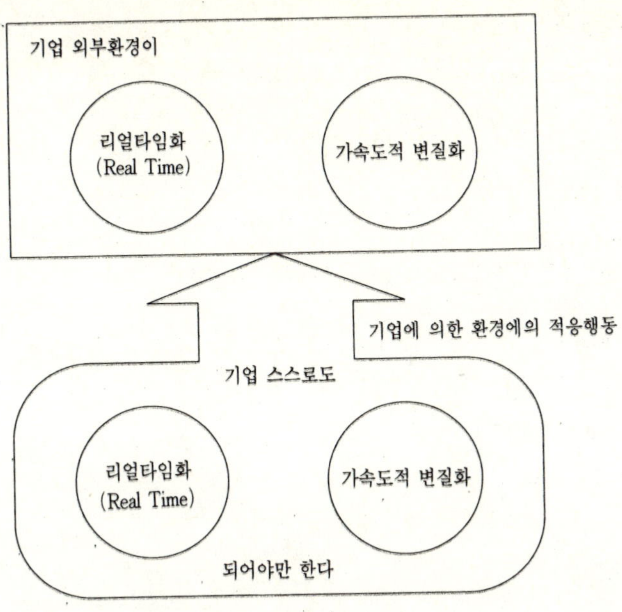

【그림 4】 전략 입안시의 시간의 역할

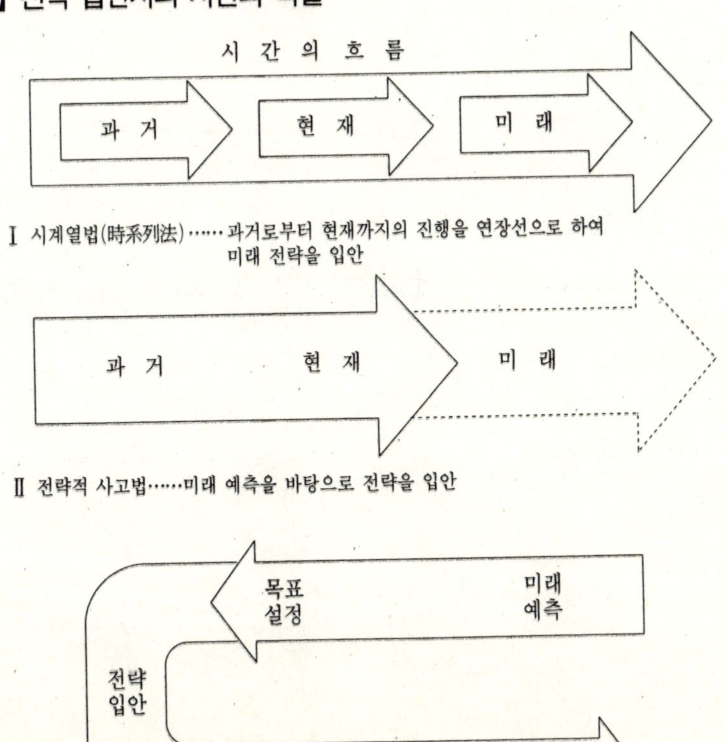

5 기업 조직과 타임 마케팅

【그림 1】 기업 조직과 시간의 관계

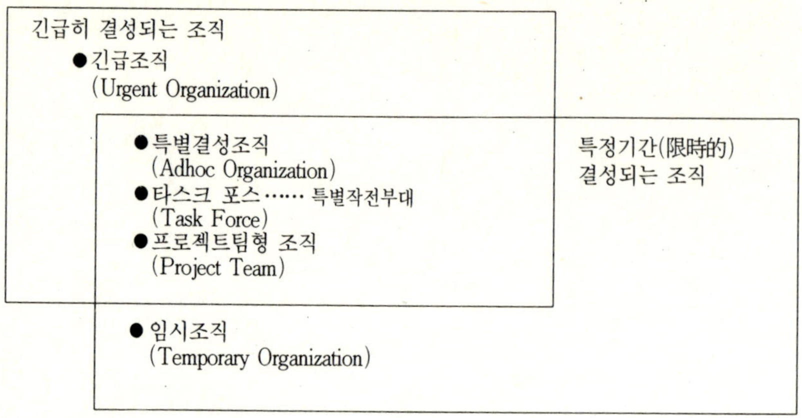

【그림 2】 향후의 비즈니스 조직은

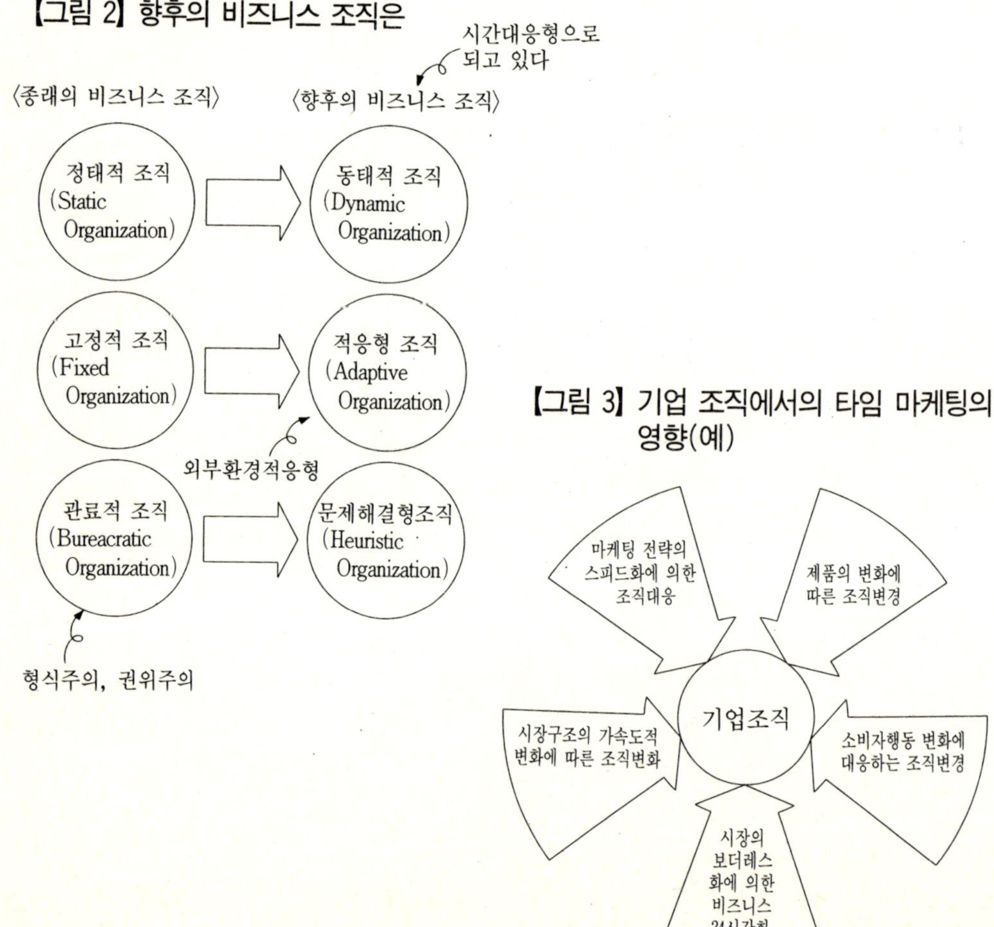

【그림 3】 기업 조직에서의 타임 마케팅의
영향(예)

【그림 4】 타임 마케팅과 기업 조직 관계의 대표적인 예

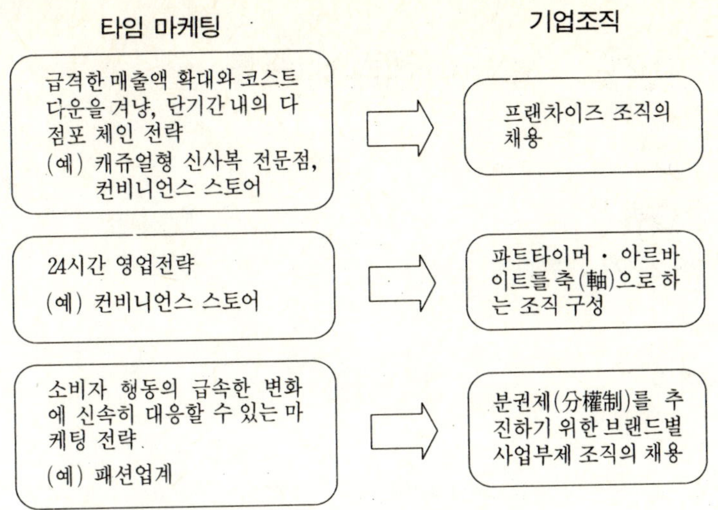

【그림 5】 마케팅 조직의 여러 가지 대응행동

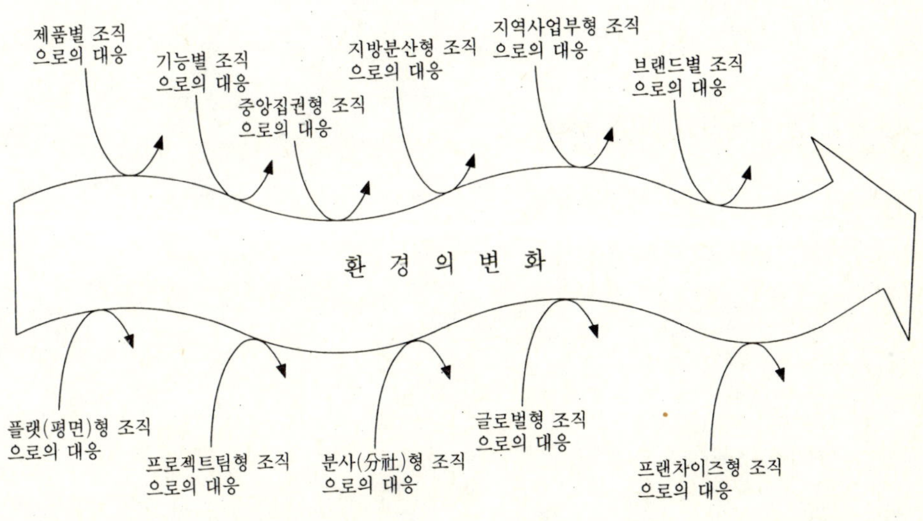

마케팅 조직을 어떤 형태로 대응해 갈 것인가를 결정해 간다……즉 상황에 따라 조직변경을 지속적으로 해 나가는 동태적 마케팅 조직이 되어야 한다

제 2 장 타임 마케팅의 종류

1 타임 마케팅의 종류

【그림 1】 타임 마케팅의 2가지 기본적 어프로치

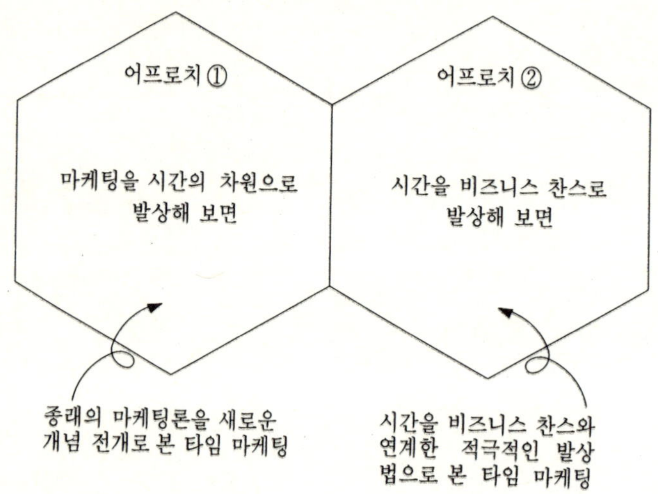

【그림 2】 타임 마케팅의 6가지 분류

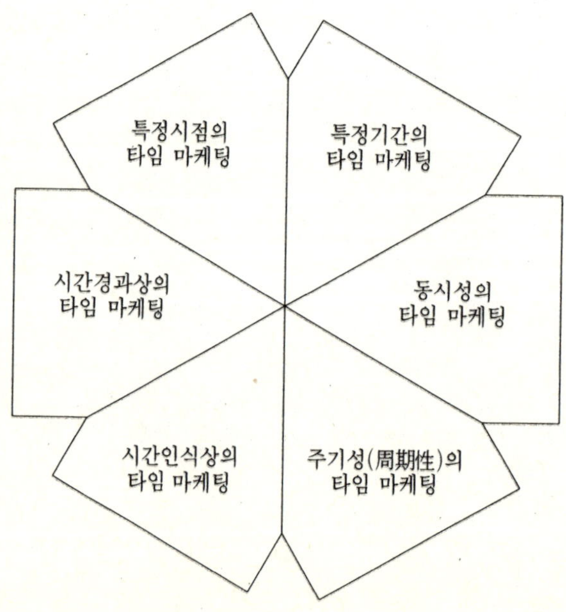

【그림 3】 타임 마케팅의 분류

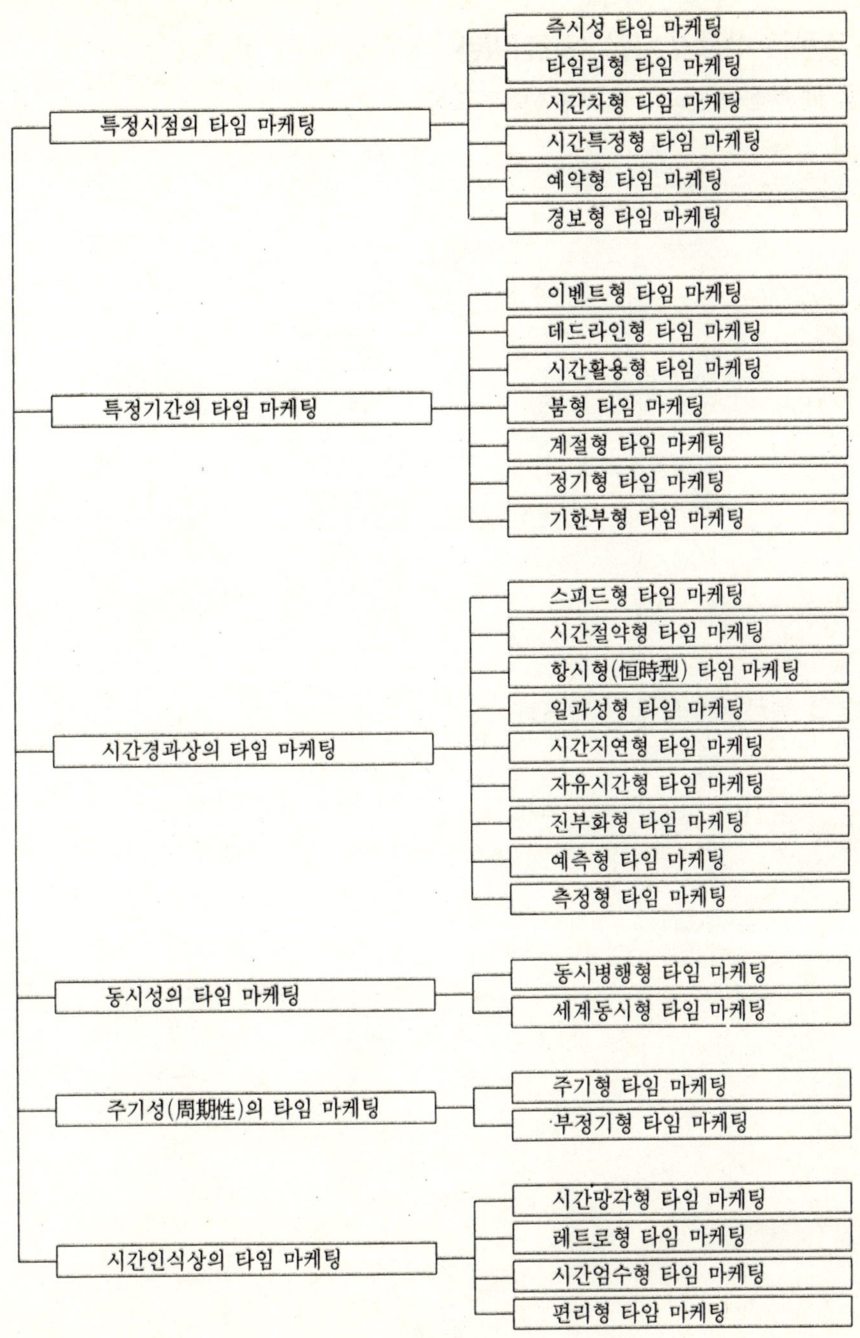

2 특정 시점의 타임 마케팅

2-1 특정 시점의 타임 마케팅이란
【그림 1】 특정 시점의 타임 마케팅의 종류

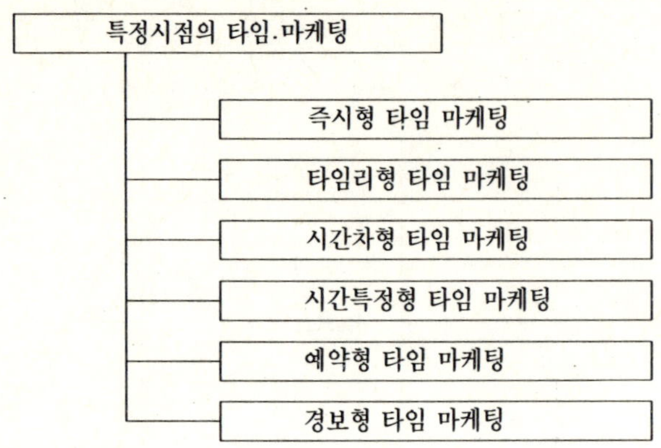

【그림 2】 특정 시점의 타임 마케팅

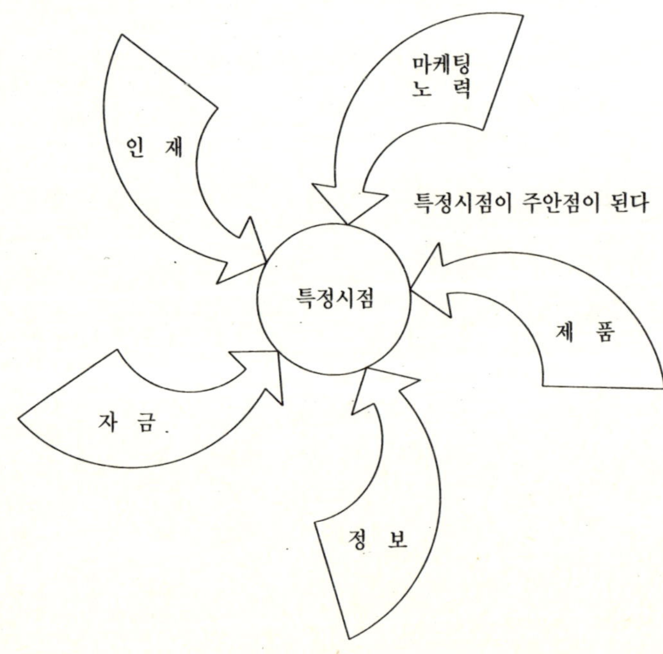

〈표 1〉 특정 시점의 영어 표현

Spot	Spot Price (임시가격) 스포트 광고(특정시점 광고) 스포트 상품(특정시점 판매상품) 스포트 캠페인(특정기간, 지역대상 캠페인)
Point	Point of Sales(판매시점관리)

【그림 3】 특정 시점의 타임 마케팅의 특징

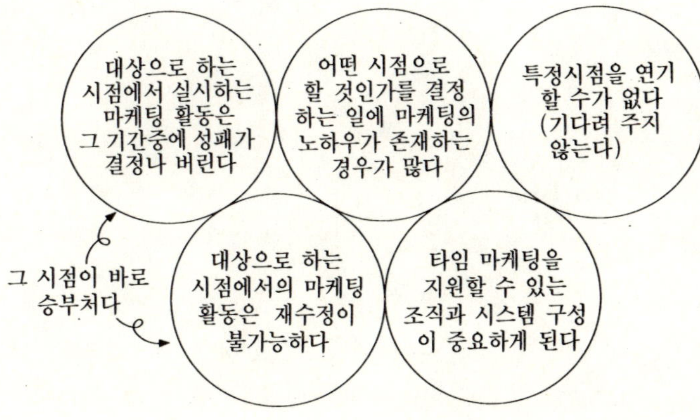

【그림 4】 마케팅에 있어서의 시간차

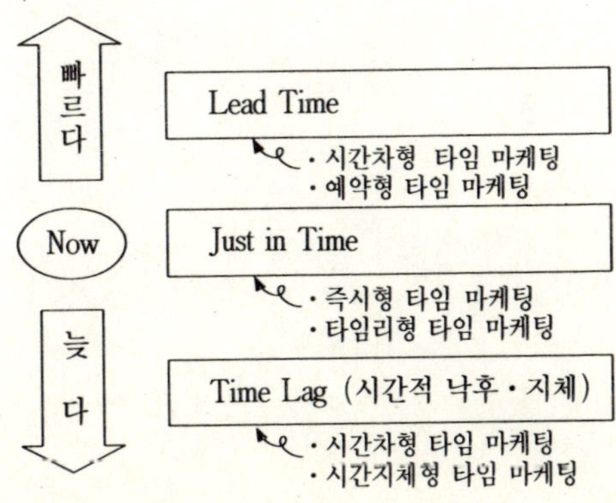

2-2 즉시형 타임 마케팅

【그림 1】 즉시형 타임 마케팅이란

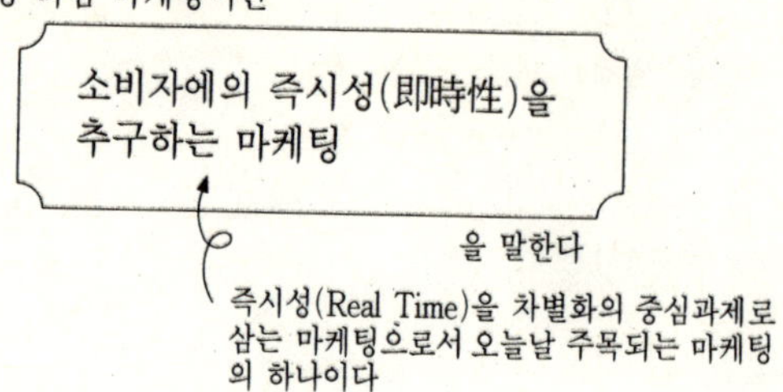

【그림 2】 현대의 기업행동에서 리얼타임이 특히 중시되는 분야는 ?

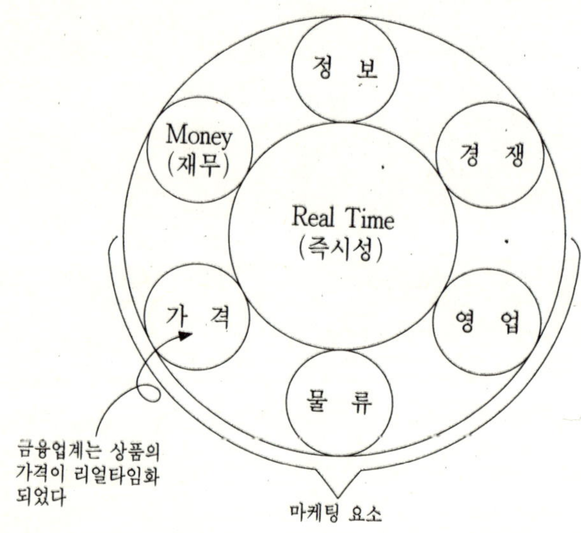

【그림 3】 C&C의 시대로

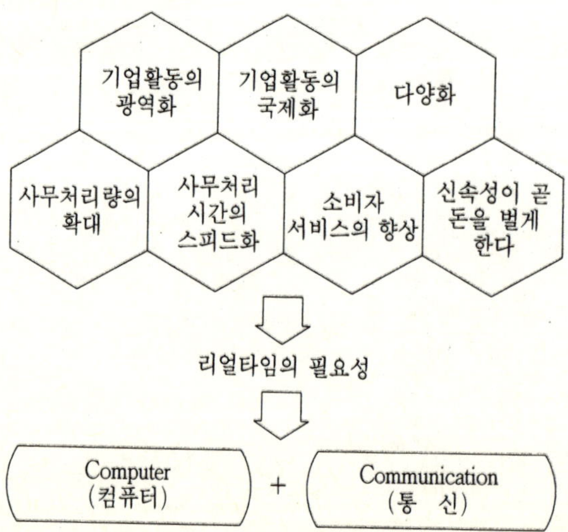

【그림 4】 benetton社의 Real Time─Real Action System

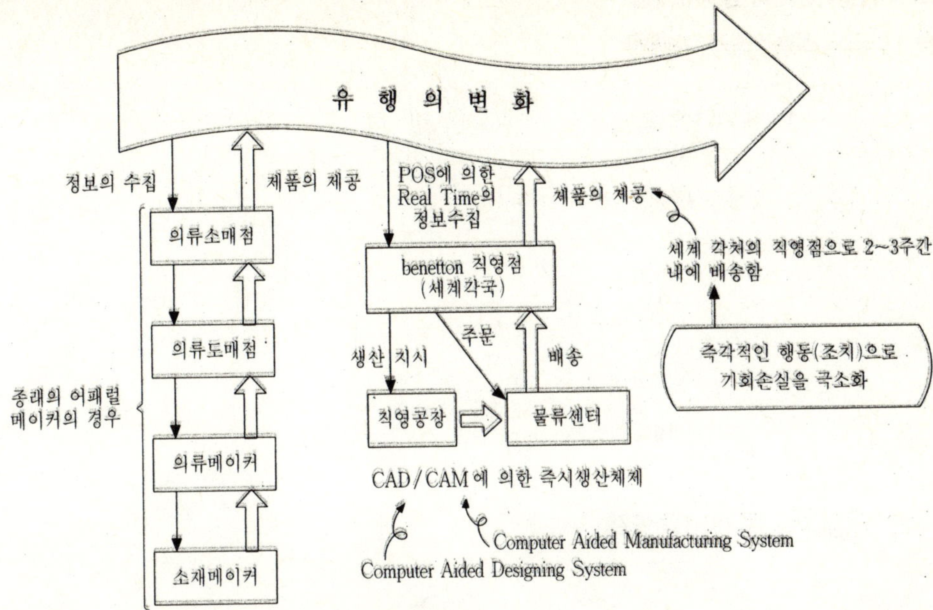

【그림 5】 재정(Arbitrage)거래에 있어서의 시간

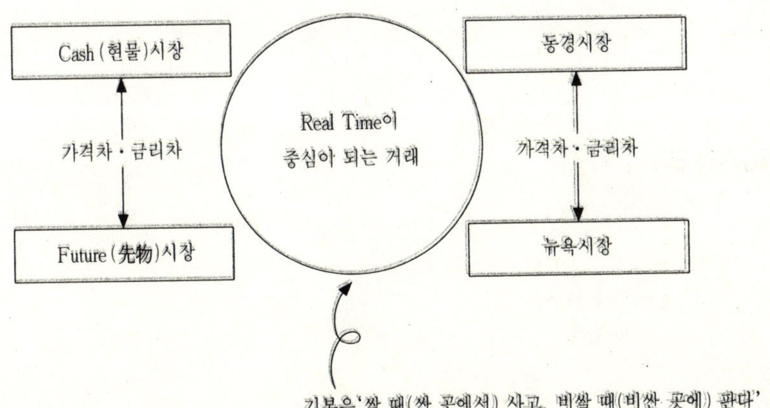

2-3 타임리형 타임 마케팅

【그림 1】 타임리형 타임 마케팅

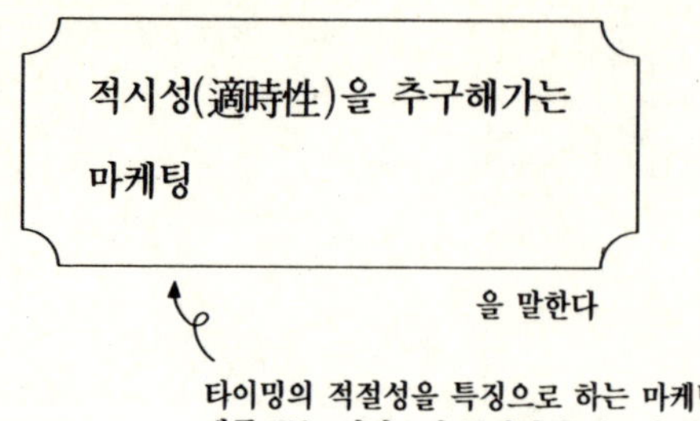

【그림 2】 타임리의 동의어(同意語)

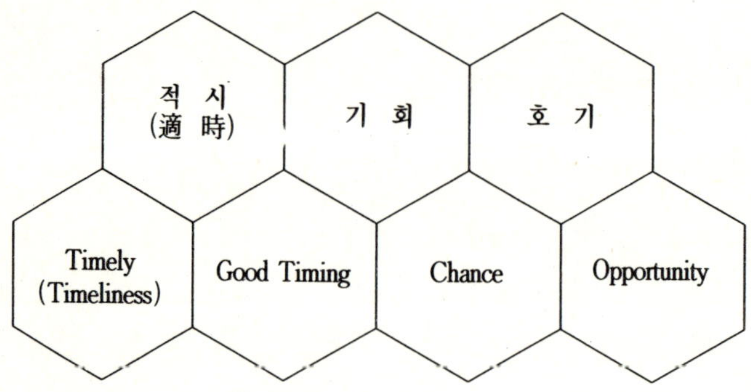

【그림 3】 타임리의 3가지 타입

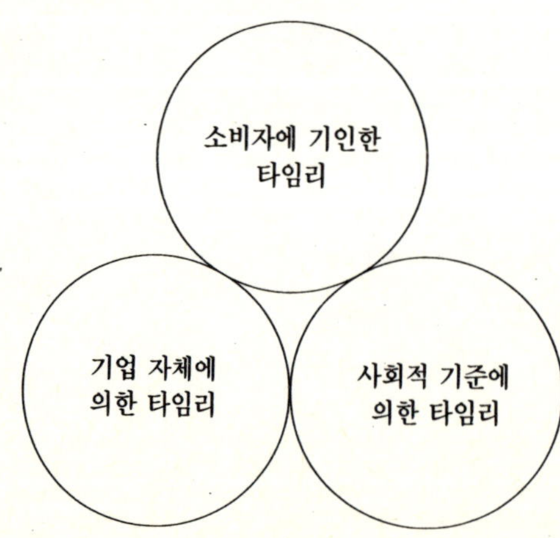

【그림 4】 2가지 타입의 타임리형 타임 마케팅

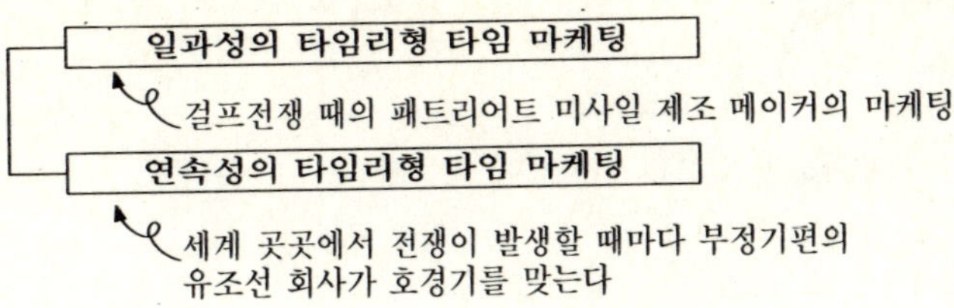

【그림 5】 저(低)칼로리 드링크 붐 타임리형 타임 마케팅(일본예)

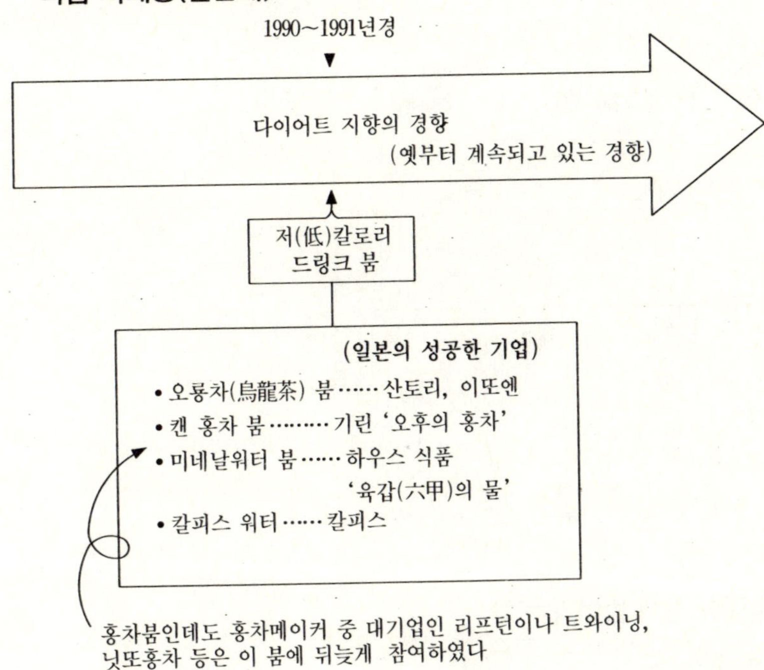

2-4 시간차형 타임 마케팅

【그림 1】 시간차형 타임 마케팅이란

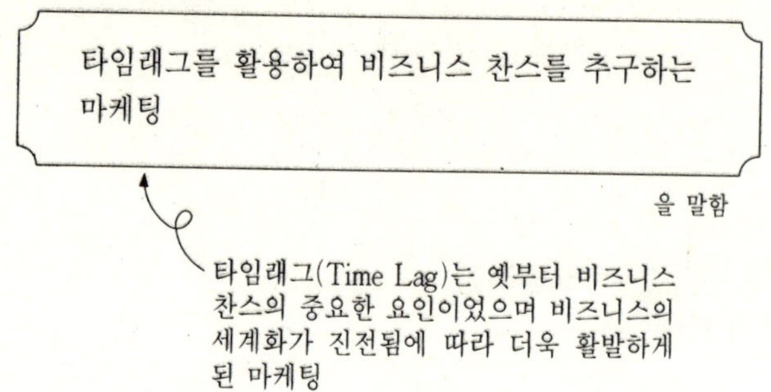

【그림 2】 타임 래그(Time Lag)란

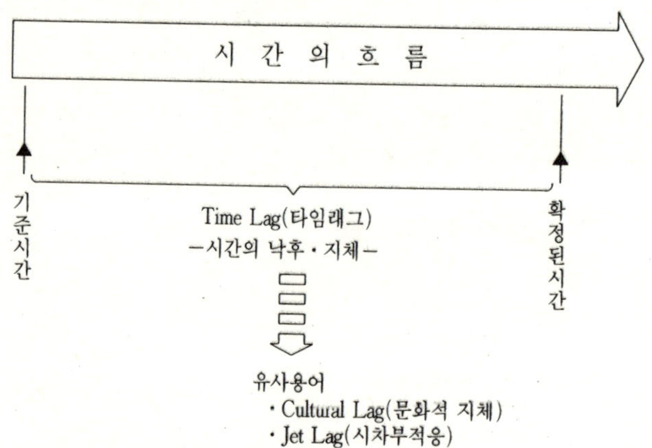

【그림 3】 매출에 대한 결제 방법의 변화

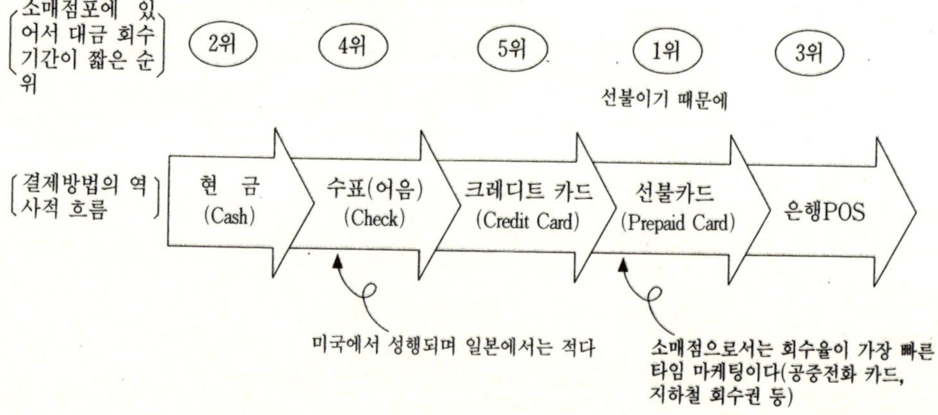

【그림 4】 타임 래그를 활용한 선불카드

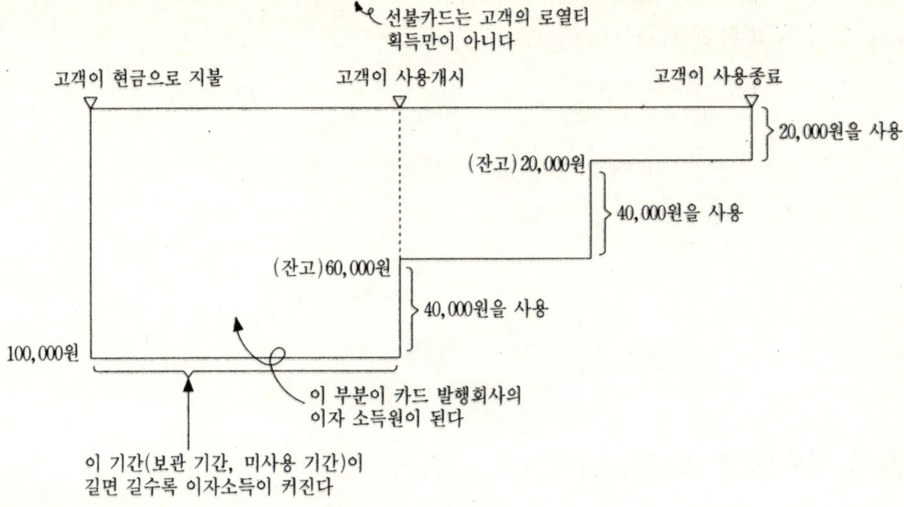

【그림 5】 선불카드의 장점과 단점

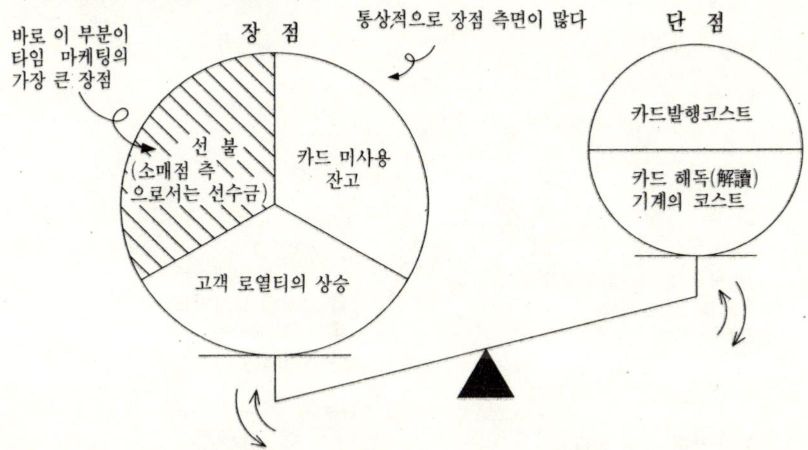

【그림 6】 각국 도시의 타임래그를 이용하여 비즈니스 찬스를 추구해 가는 주식 환(換) 시장

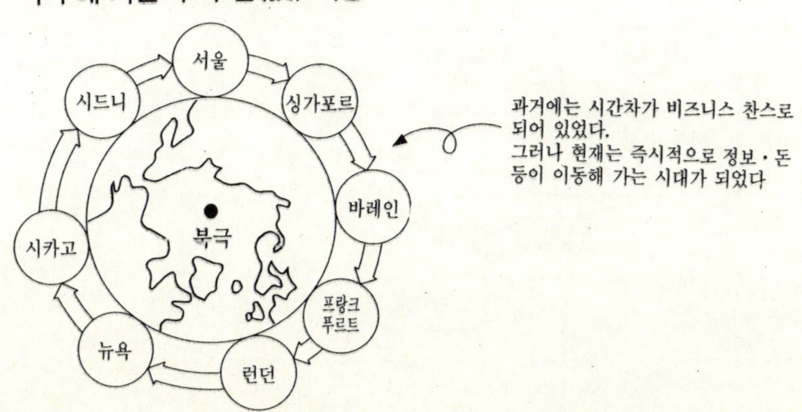

2-5 시간 특정형(特定型) 타임 마케팅

【그림 1】 시간 특정형 타임 마케팅이란

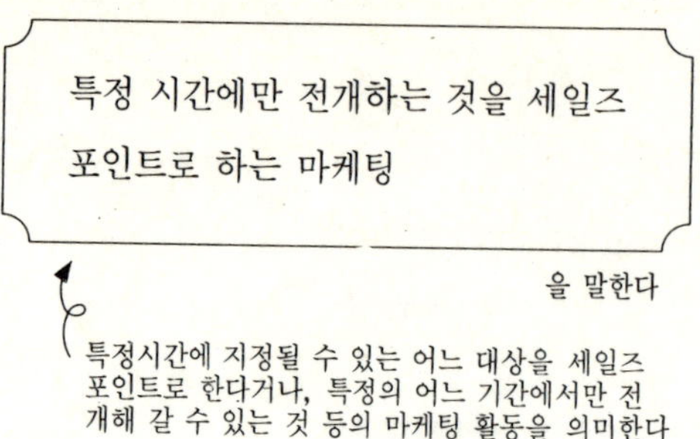

【그림 2】 서비스업에서의 지정일(指定日) 타임 마케팅

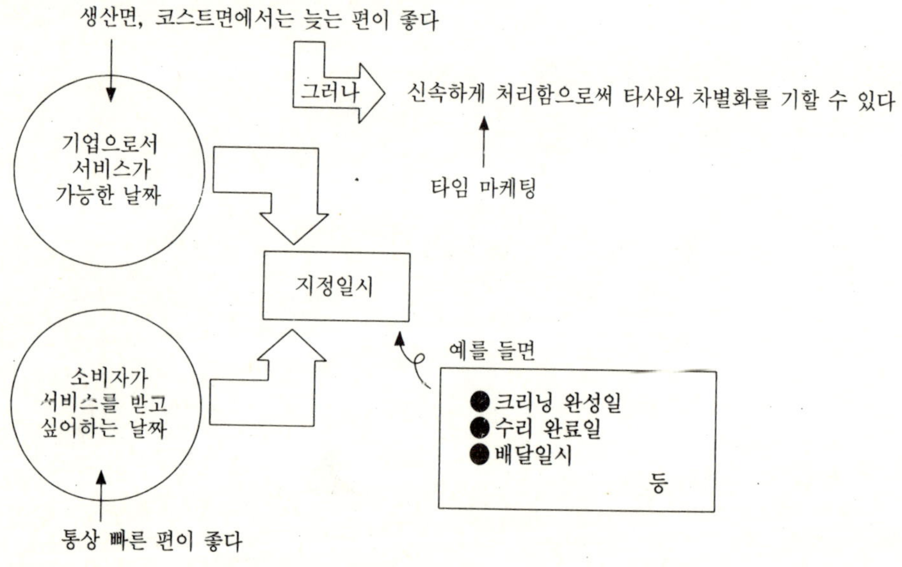

【그림 3】 시간 특정형 타임 마케팅의 대표적인 예

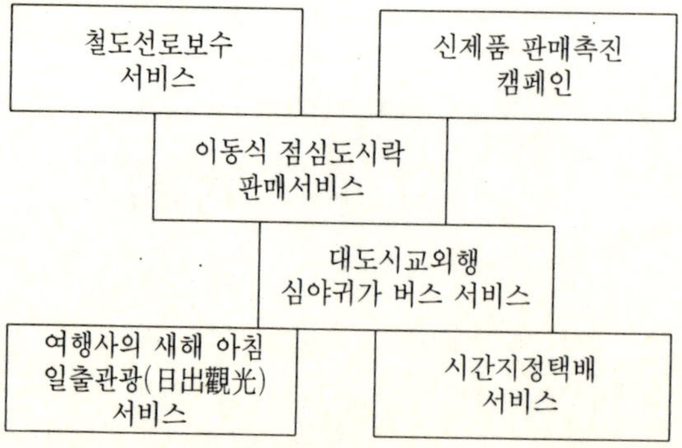

【그림 4】 컨비니언스 스토어(Convenience Store)의 도시락 판매 패턴(일본예)

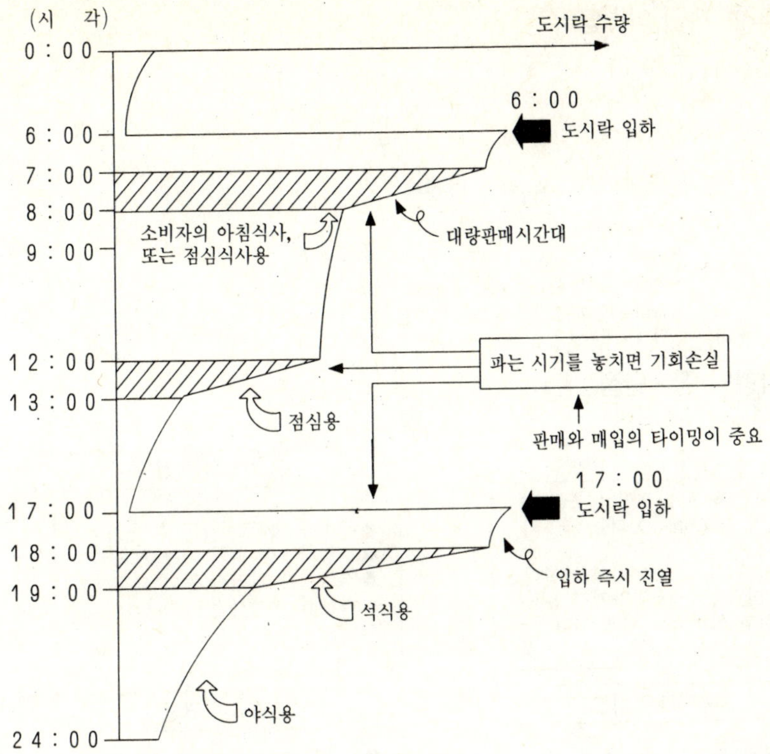

2-6 예약형 타임 마케팅

【그림 1】 예약형 타임 마케팅이란

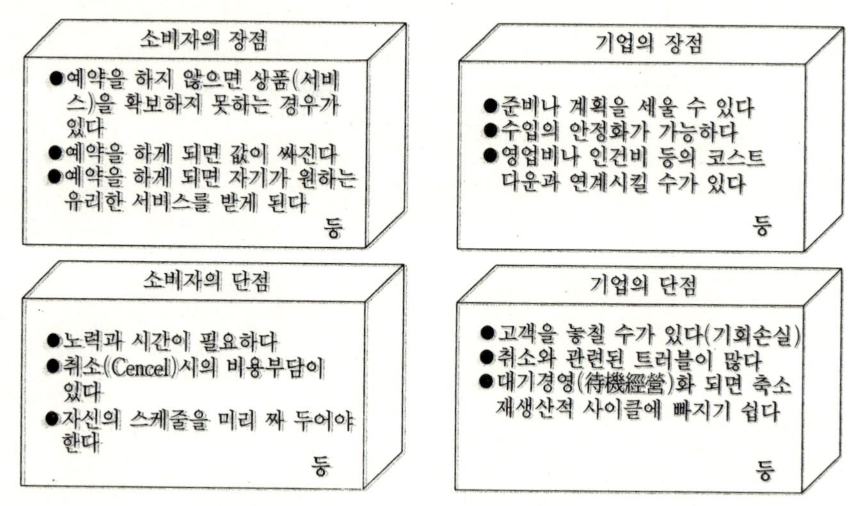

【그림 2】 예약형의 장·단점

【그림 3】 서비스업의 예약과 관련된 타임 마케팅

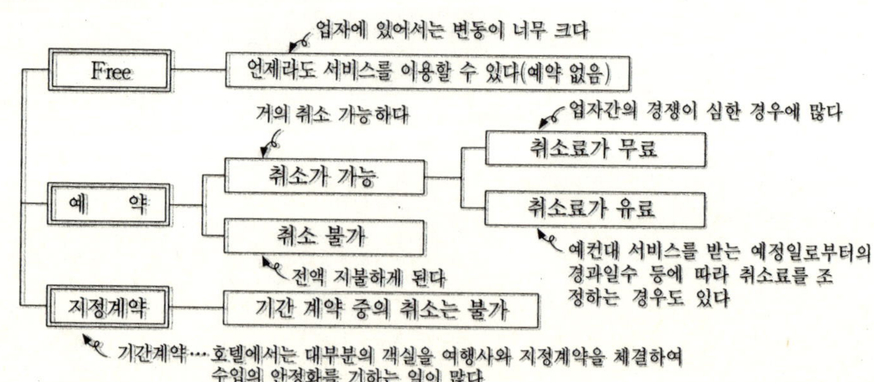

【그림 4】 고급 요정에서 예약서비스제도가 필요한 주된 이유

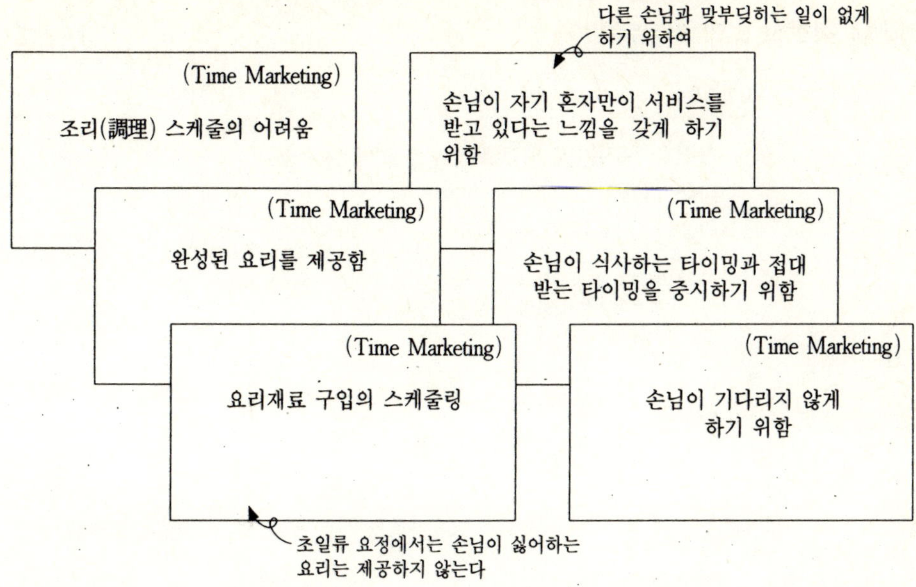

【그림 5】 예약제를 높은 이미지 전략과 결부시키는 논리란

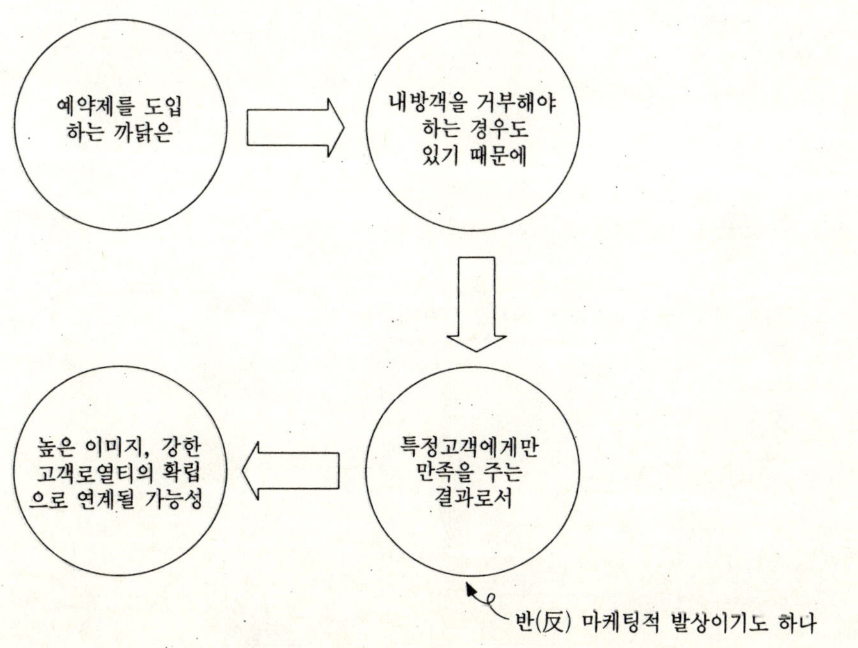

2-7 경보(Alarm)형 타임 마케팅

【그림 1】 경보형 타임 마케팅이란

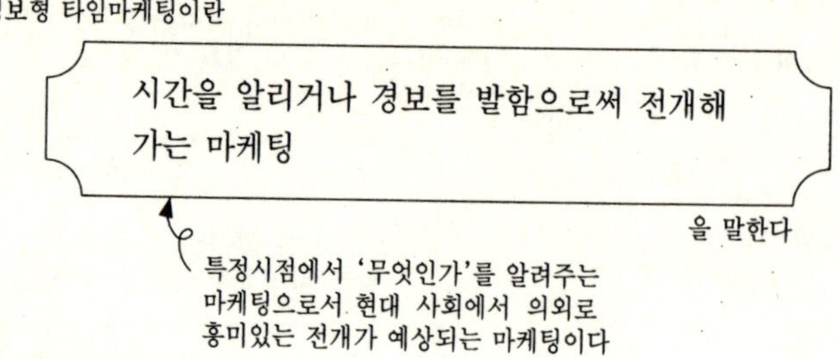

【그림 2】 경보(ALARM)란 ?

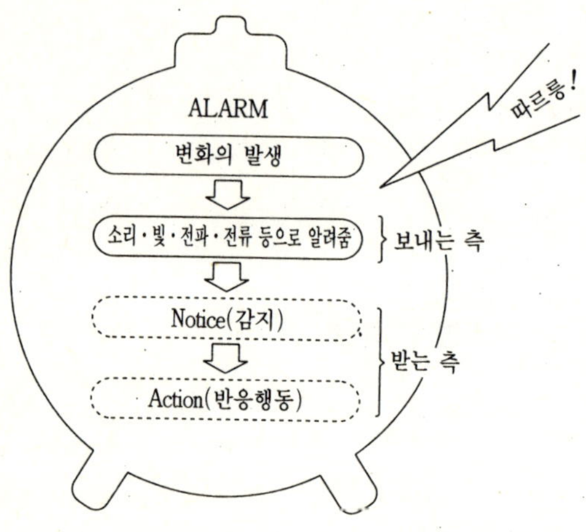

【그림 3】 경보의 분류

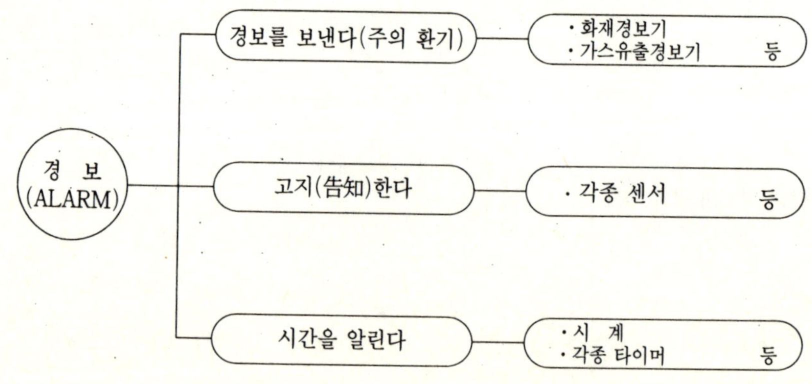

【그림 4】 시간을 알려주는 서비스의 대표적인 예

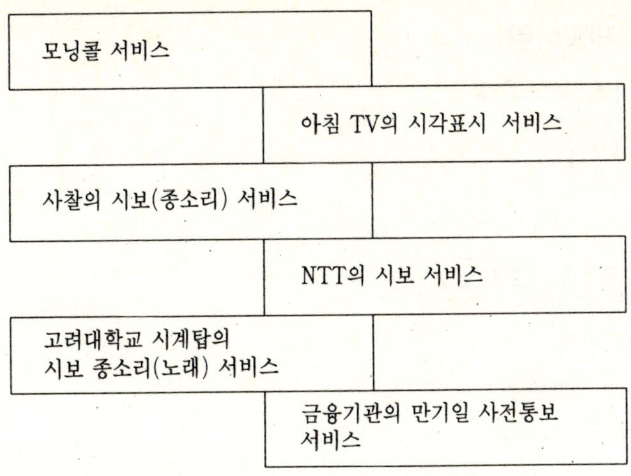

【그림 5】 가정의 경보시스템 비즈니스

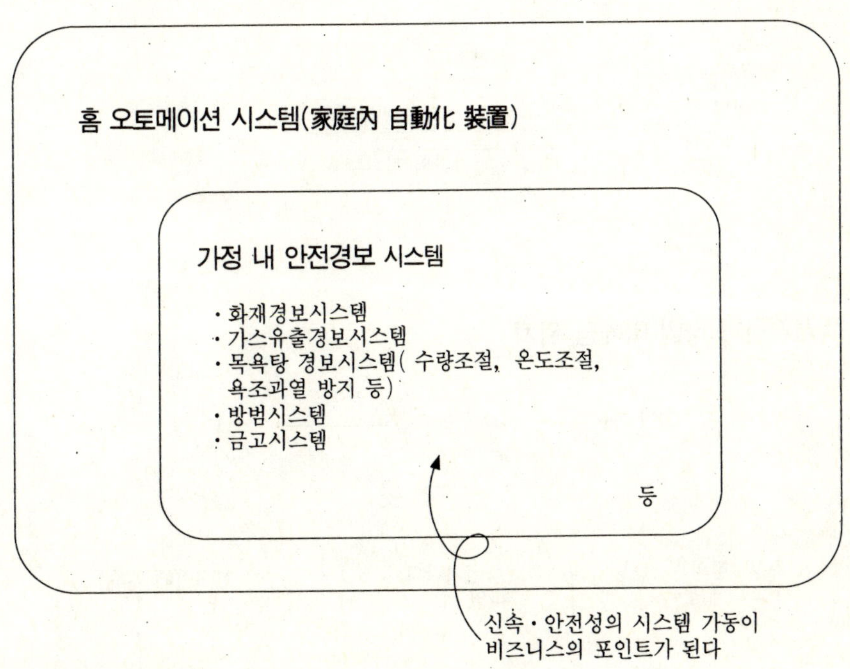

3 특정기간의 타임 마케팅

3-1 특정기간의 타임 마케팅이란

【그림 1】 특정기간의 타임 마케팅의 종류

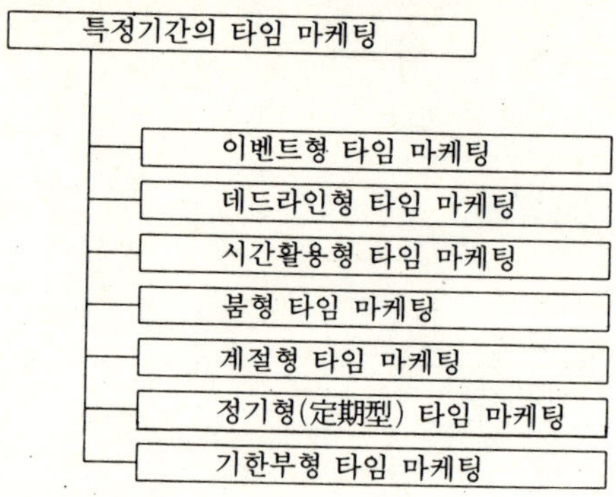

【그림 2】 특정기간의 마케팅이란

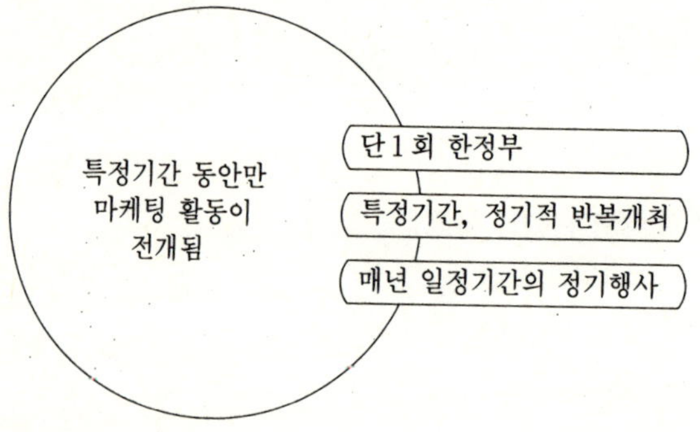

【그림 3】 특정기간의 타임 마케팅 위치

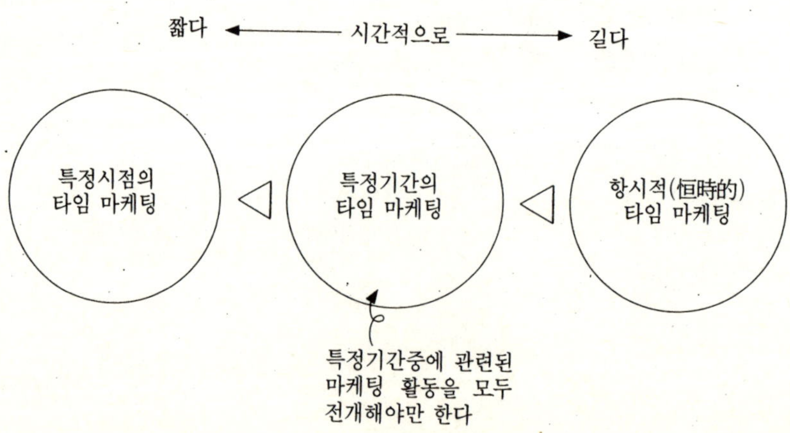

【그림 4】 특정기간의 타임 마케팅의 특징이란

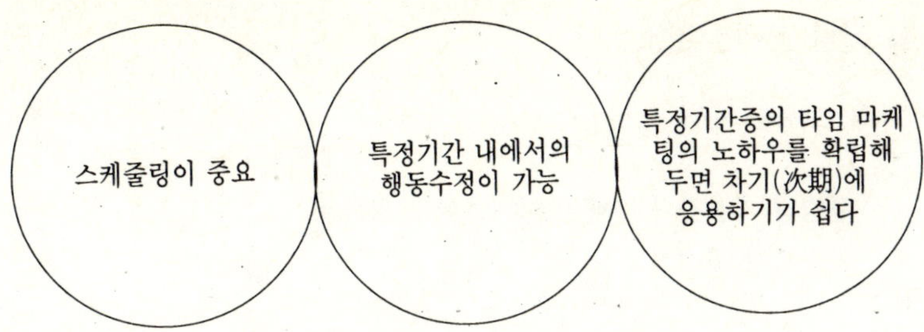

【그림 5】 특정기간의 타임 마케팅(예)

(오피스街 레스토랑의 시간대별 고객수 변화)

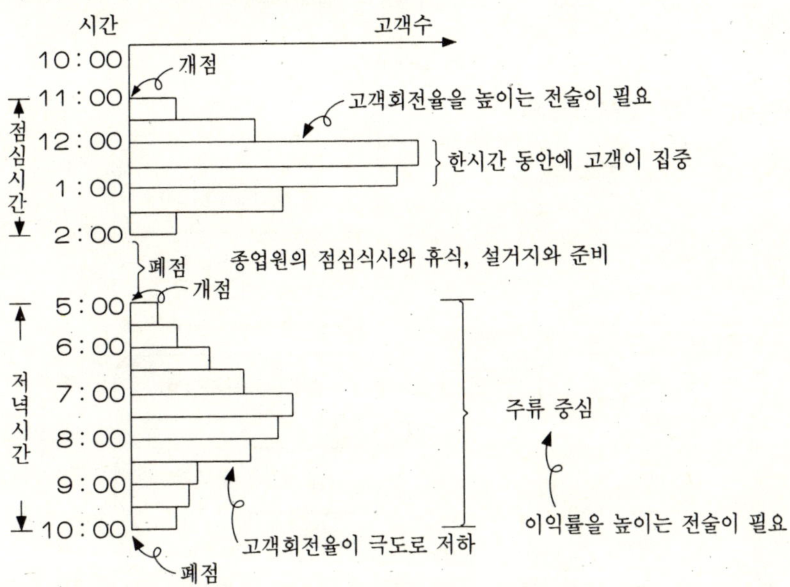

【그림 6】 점심시간 비즈니스의 타임 마케팅(1시간이 승부)

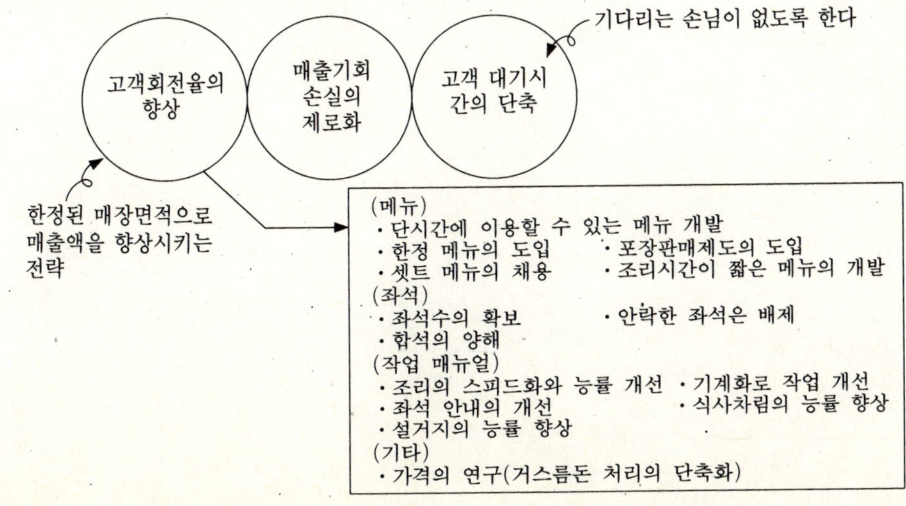

3-2 이벤트형 타임 마케팅

【그림 1】 이벤트형 타임 마케팅이란

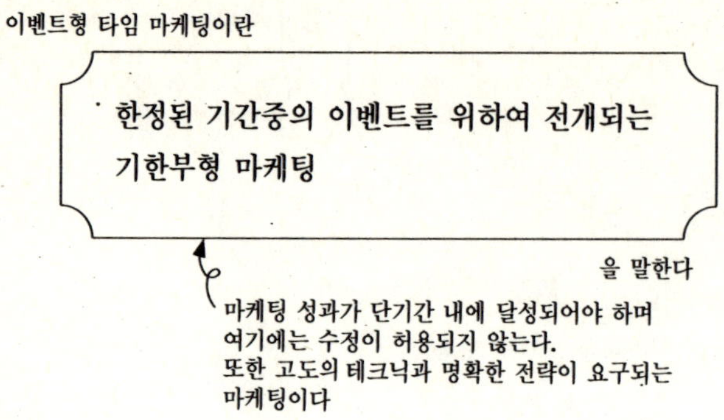

【그림 2】 이벤트의 여러 가지 종류

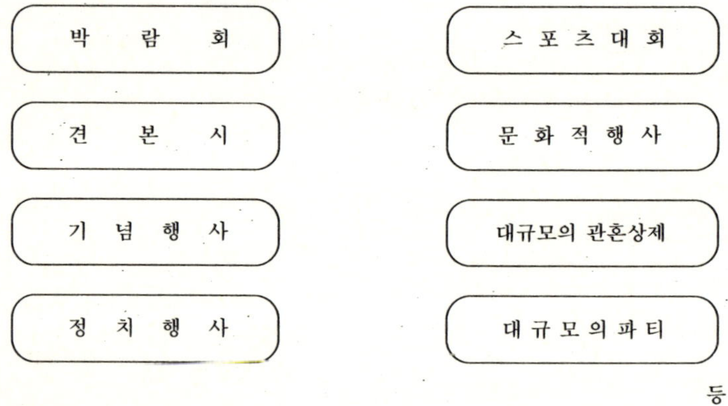

【그림 3】 이벤트 마케팅의 기본

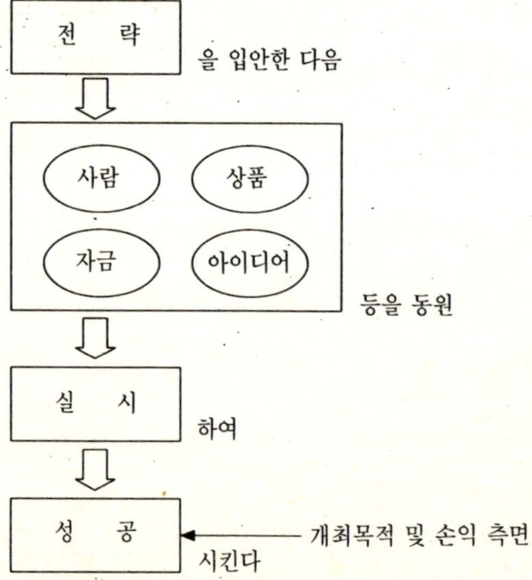

【그림 4】 이벤트 마케팅의 어려움

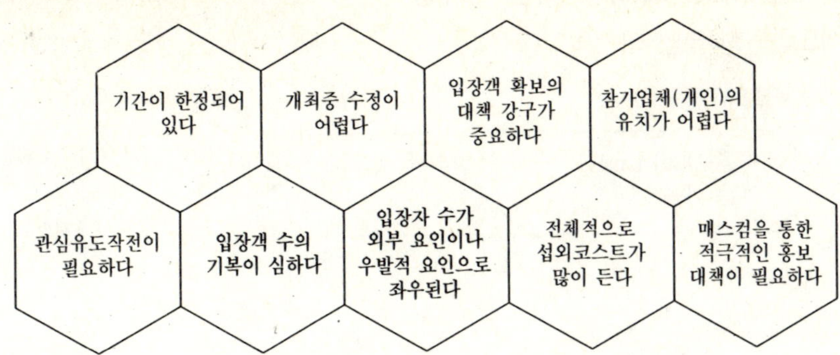

【그림 5】 이벤트의 기본적 타임 스케줄

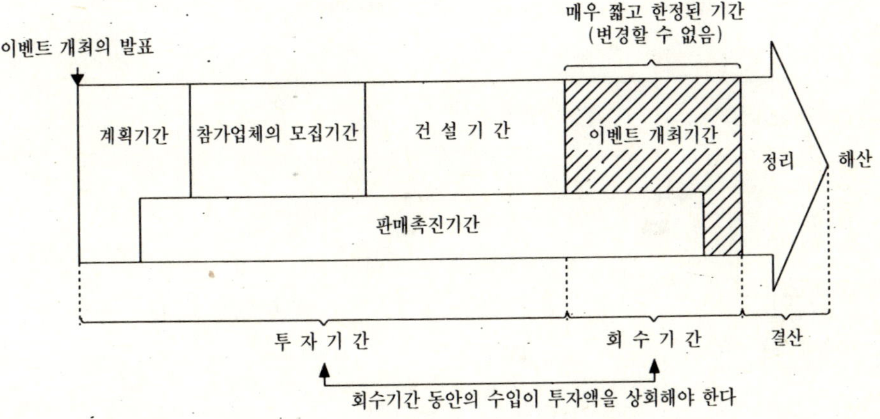

【그림 6】 선거(選擧)의 마케팅

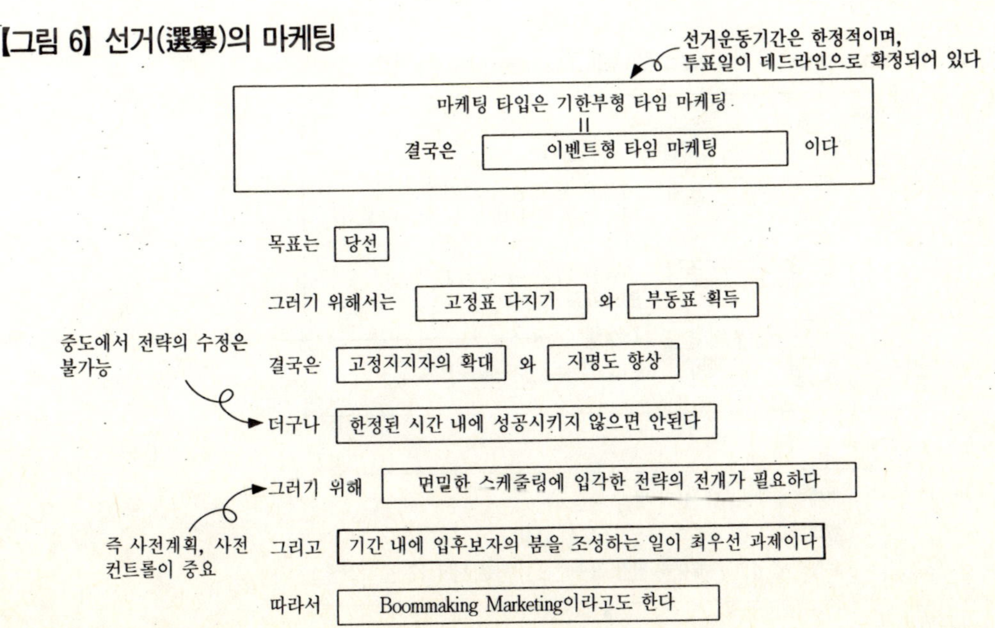

3-3 데드라인(Dead Line)형 타임 마케팅

【그림 1】 데드라인형 타임 마케팅이란

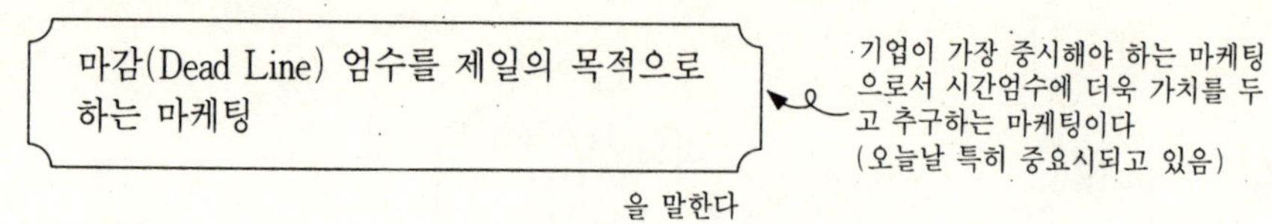

【그림 2】 『U. S. A. Today』의 데드라인형 타임 마케팅의 성공예

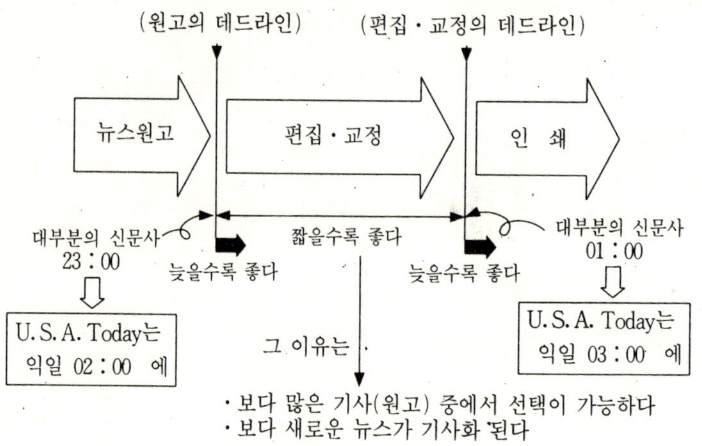

【그림 3】 Motorola社의 「Team Bandit(山賊團)」의 케이스

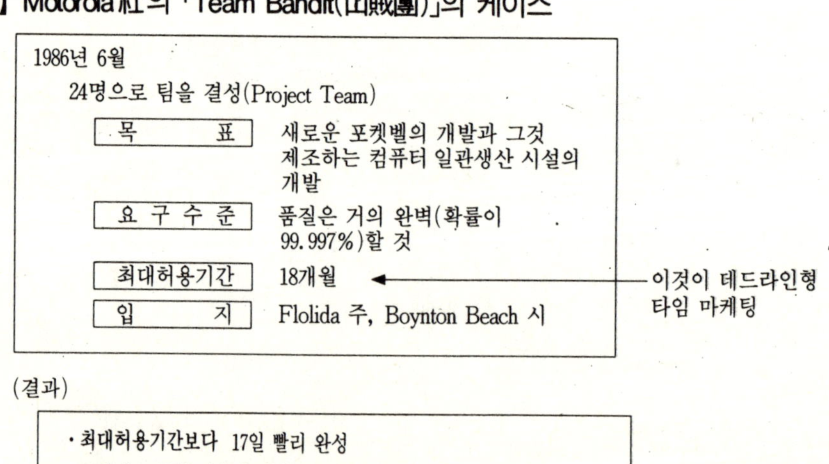

【그림 4】 Age Limit Planning의 예

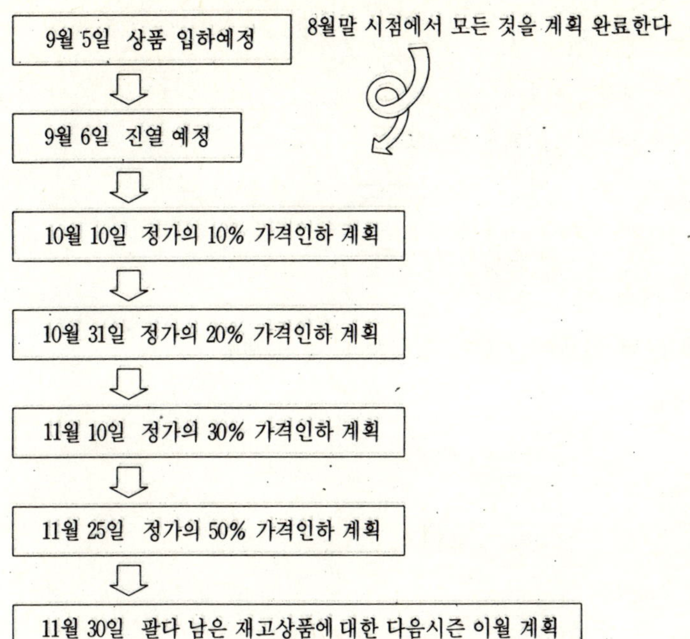

3—4 시간 활용형 타임 마케팅

【그림 1】 시간 활용형 타임 마케팅이란

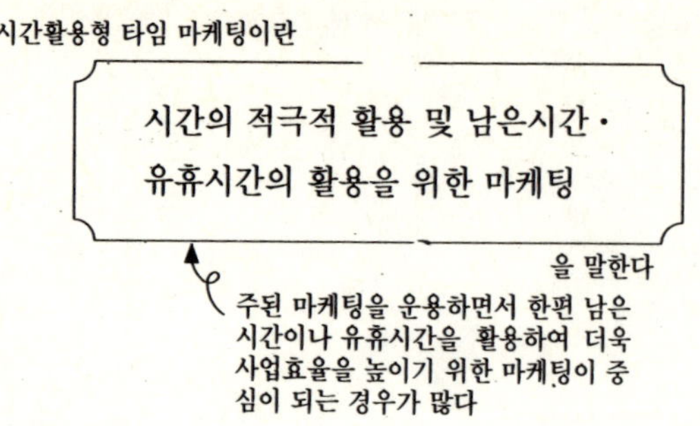

【그림 2】 시간을 적극적으로 활용하는 시간 활용형 타임 마케팅

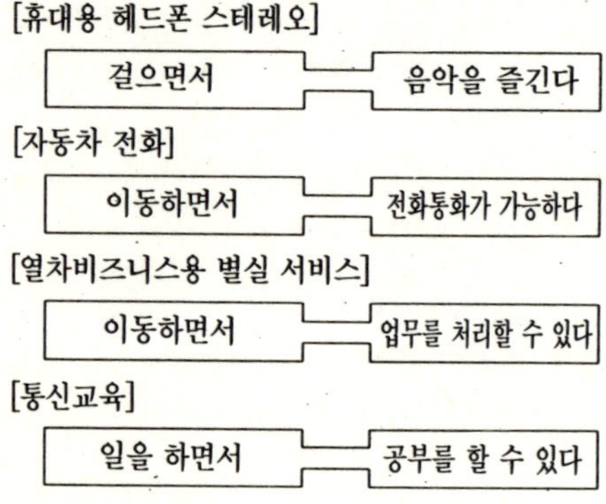

【그림 3】 세탁기의 타임 마케팅의 변화

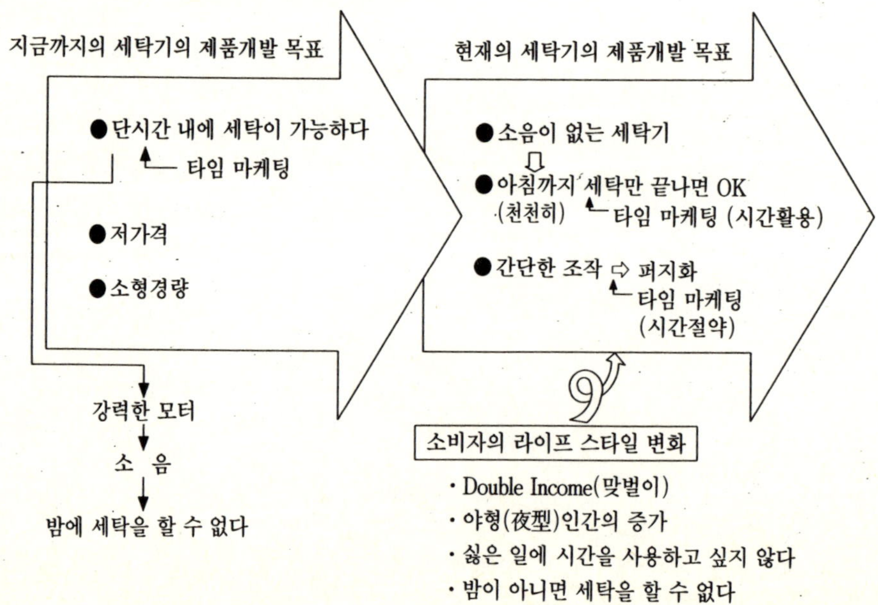

【그림 4】 리조텔의 오프시즌의 타임 마케팅

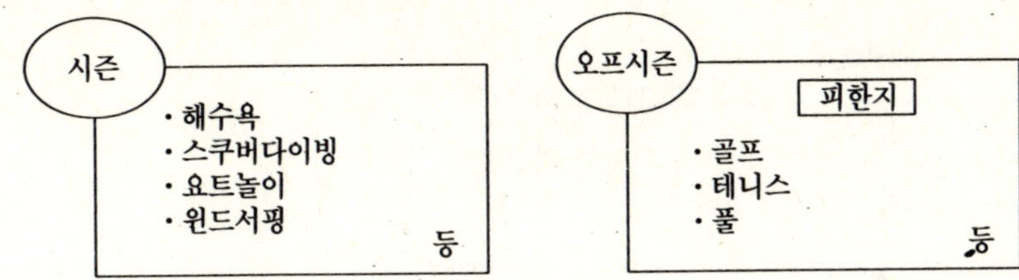

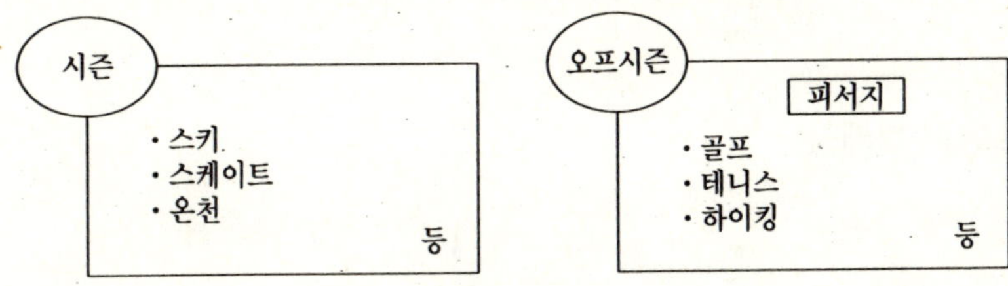

〈표 1〉 오프시즌의 타임 마케팅

마케팅 주체(主體)	主 시 즌	오프시즌 활용 마케팅
칼피스(냉음료수)	여름	핫 칼피스 캠페인
본젤라또 (아이스크림)	여름	'따뜻한 방 안에서 고급 아이스크림을'과 같은 캠페인을 전개
스키장	겨울	꽃밭 등으로 하이킹 코스를 만듬
도심형 고급호텔	관광·비즈니스시즌	정초의 오프시즌에 봄맞이 관광코스를 기획
단팥죽집	겨울	'팥빙수'의 상품개발
쿨러	여름	'에어컨디셔너'의 상품개발(냉온방 겸용)
선풍기	여름	'환풍기'의 상품개발
바스크린(유자탕)	겨울	쿨 바스크린
여성화장품	봄·가을·겨울	여름철 화장품의 캠페인
풋카·캔 커피	여름	보냉·보온기능이 부착된 자동판매기를 개발하여 겨울에도 판매할 수 있도록 한다

3-5 붐(Boom)형 타임 마케팅

【그림 1】 붐형 타임 마케팅이란

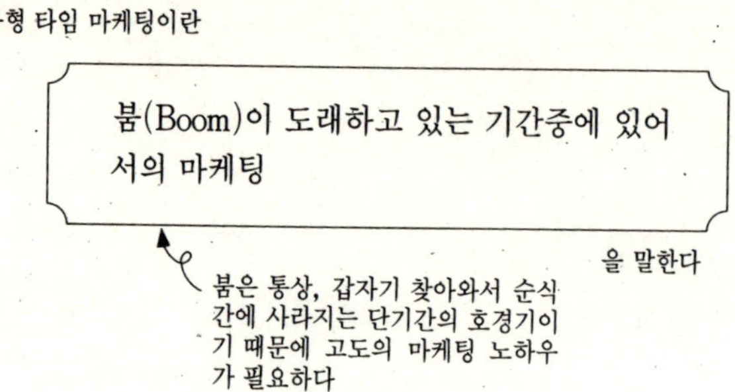

【그림 2】 붐에 관한 마케팅

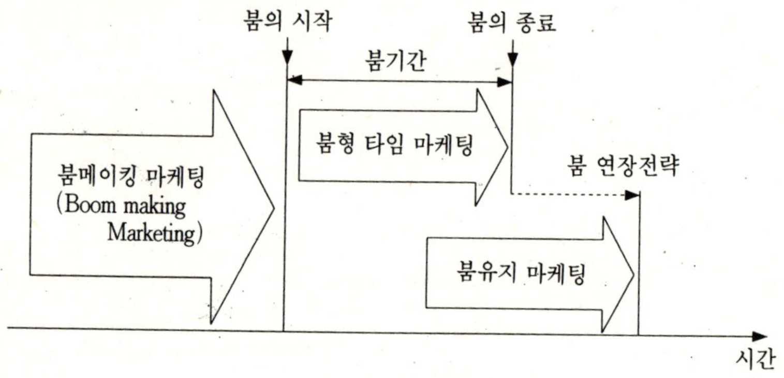

【그림 3】 유행상품과 Boom상품의 라이프 사이클

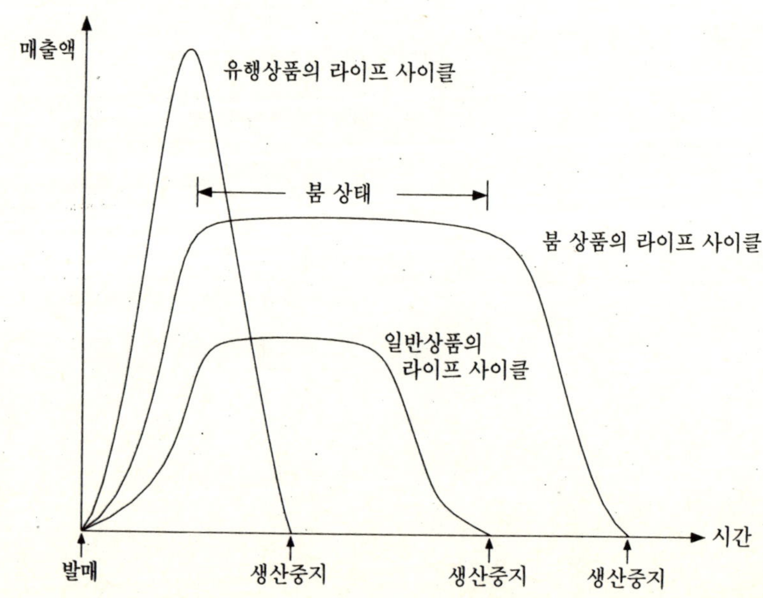

【그림 4】 붐 상품의 라이프 사이클과 마케팅

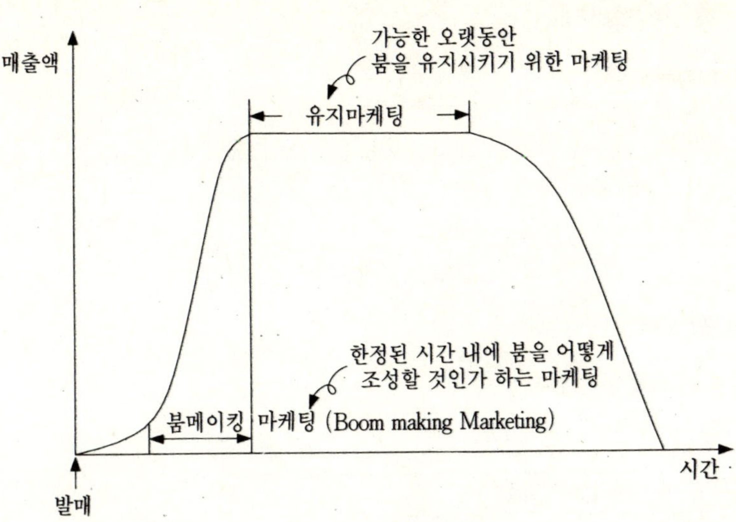

〈표 1〉 붐 메이킹 마케팅과 유지 마케팅의 기본적인 차이

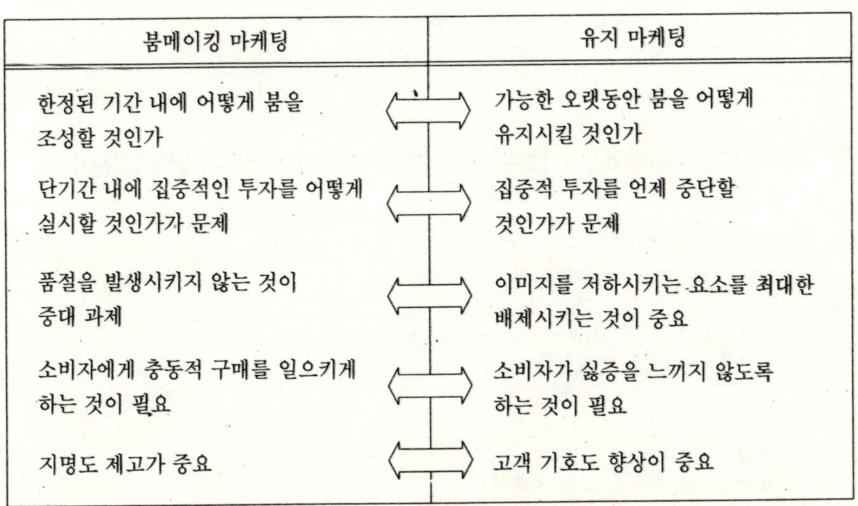

붐메이킹 마케팅		유지 마케팅
한정된 기간 내에 어떻게 붐을 조성할 것인가	⟺	가능한 오랫동안 붐을 어떻게 유지시킬 것인가
단기간 내에 집중적인 투자를 어떻게 실시할 것인가가 문제	⟺	집중적 투자를 언제 중단할 것인가가 문제
품절을 발생시키지 않는 것이 중대 과제	⟺	이미지를 저하시키는 요소를 최대한 배제시키는 것이 중요
소비자에게 충동적 구매를 일으키게 하는 것이 필요	⟺	소비자가 싫증을 느끼지 않도록 하는 것이 필요
지명도 제고가 중요	⟺	고객 기호도 향상이 중요

3-6 계절형 타임 마케팅

【그림 1】 계절형 타임 마케팅이란

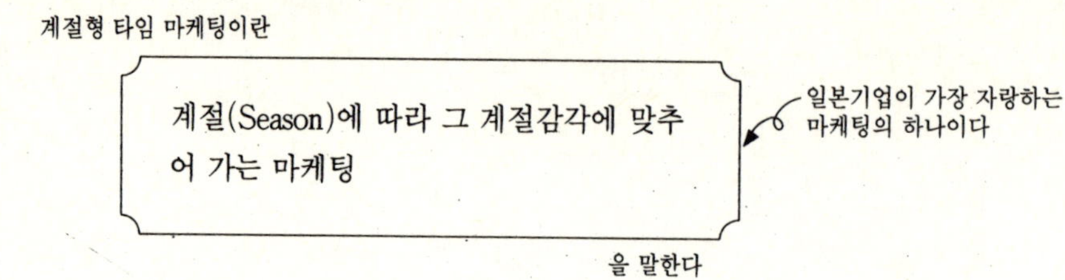

【그림 2】 적기의 타임 마케팅

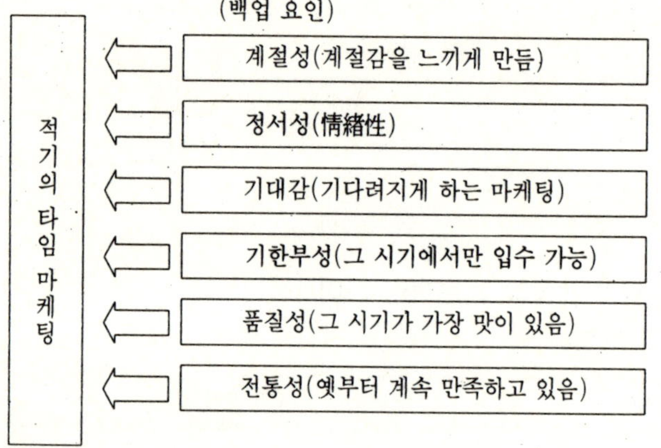

【그림 3】 '대서(大暑 : 節期名)의 뱀장어'에 대한 계절형 타임 마케팅(일본예)

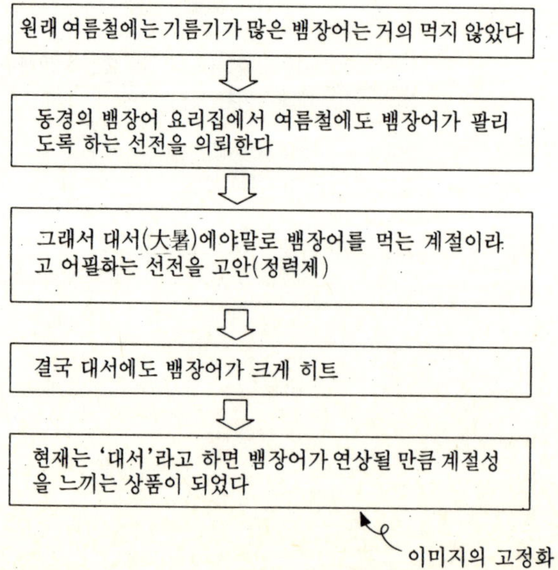

〈표 1〉 적기의 타임 마케팅

	대표적인 예
야 채	송이버섯, 죽순, 고사리, 머위(국화과)
과 일	체리, 머스컷(포도류), 밤, 감
생 선	가다랭이(송어과), 꽁치, 뱅어, 겨울방어, 뱀장어(아나고)
패 류	굴
동 물	멧돼지
조 류	오리
기 타	신차(新茶), 경도김치, 보조레 누보

【그림 4】 모밀국수의 타임 마케팅(일본예)

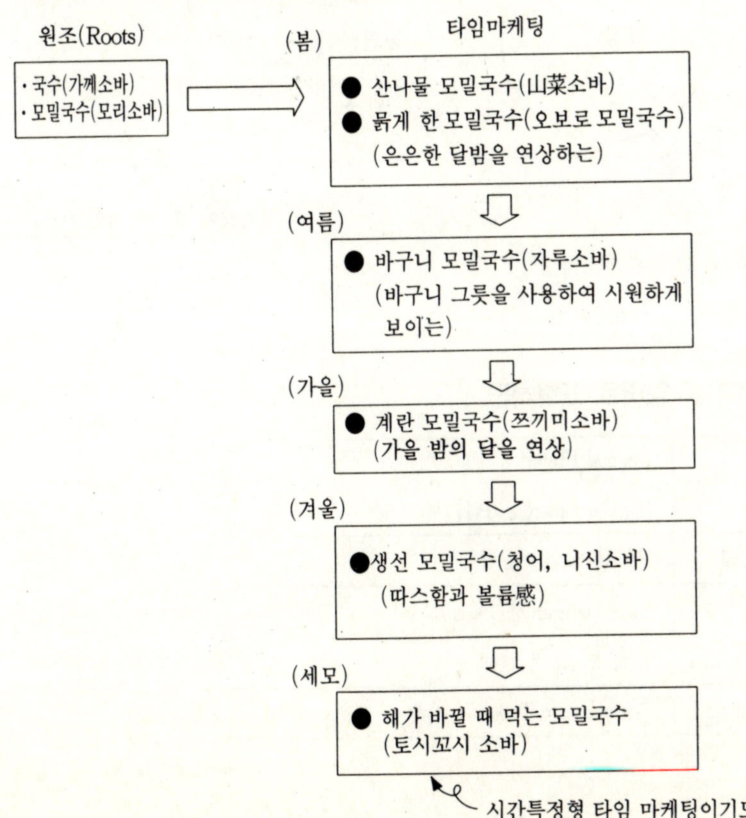

3–7 정기형 타임 마케팅 (1)

【그림 1】 정기형 타임 마케팅이란

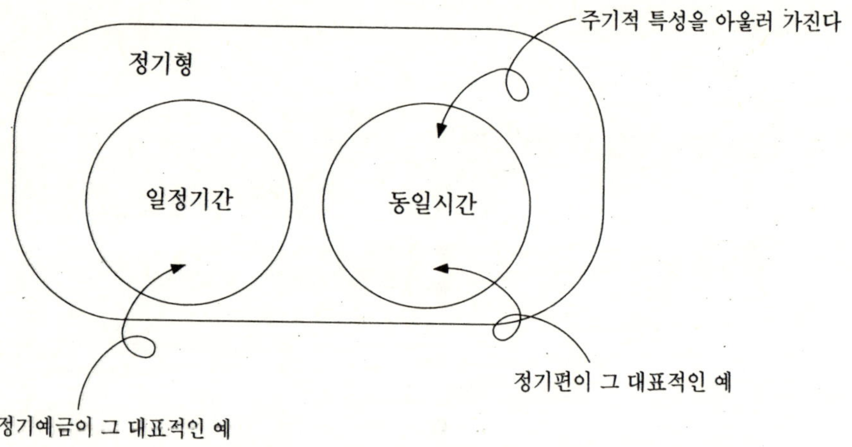

【그림 2】 정기형이란

〈표 1〉 정기(定期)를 영어로 표현하면

Regular	Regular Flight(정기항공편)
	Regular Liner(정기선)
Periodical	Periodical(정기간행물)
Time	Time Deposit(정기예금)
(Fixed Time)	Time Loan(정기대부)
Commutation	Commutation Ticket(정기권)

【그림 3】 '정기적'이라는 것이 소비자에게 주는 장점이란

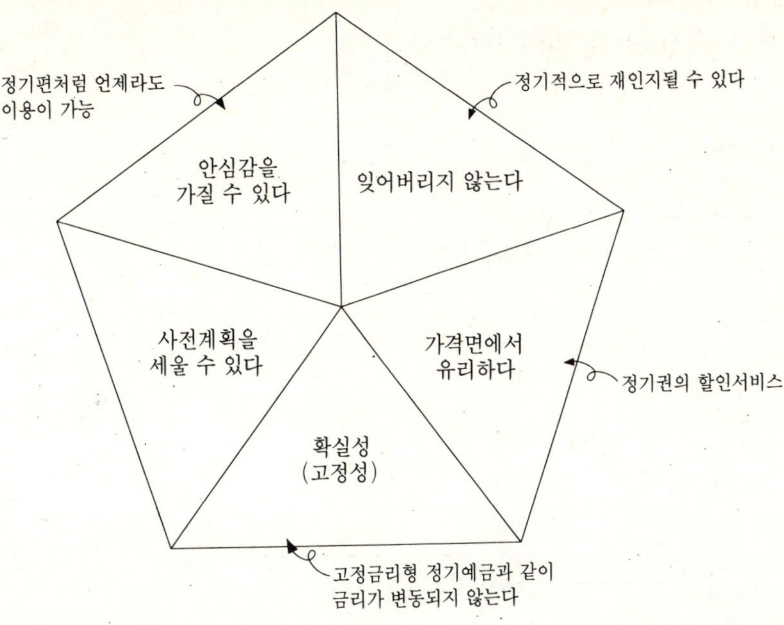

【그림 4】 정기형 타임 마케팅이 소비자에게 주는 장점의 대표적인 예

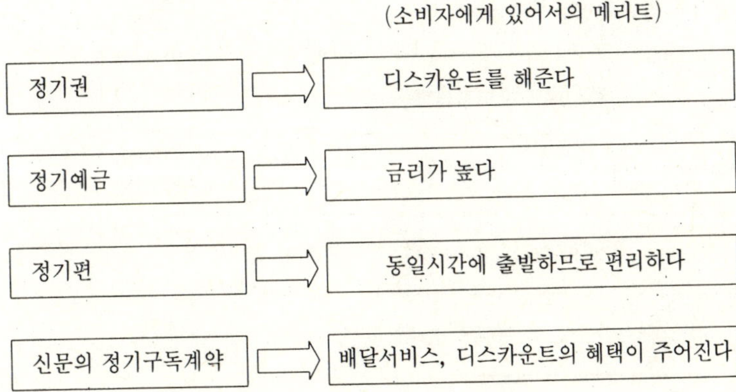

(주) 정기형 타임 마케팅과 주기형 타임 마케팅과의 차이는
주기형 타임 마케팅의 항목을 참조할 것

3—8 정기형 타임 마케팅 (2)

【그림 1】 정기적 시장(Bazar)의 타임 마케팅(일본예)

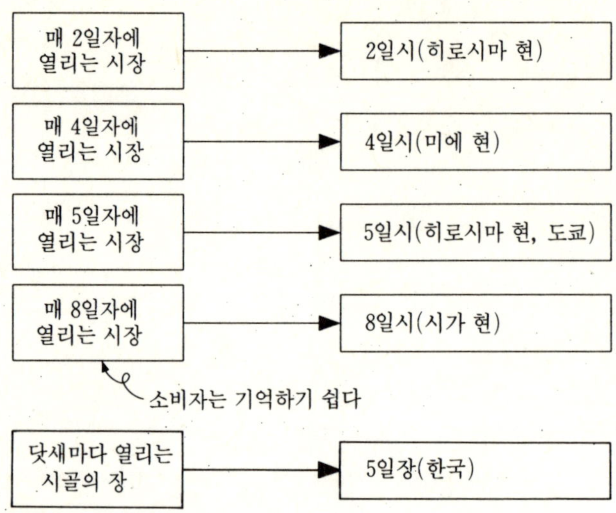

【그림 2】 3월의 정기형 타임 마케팅의 예

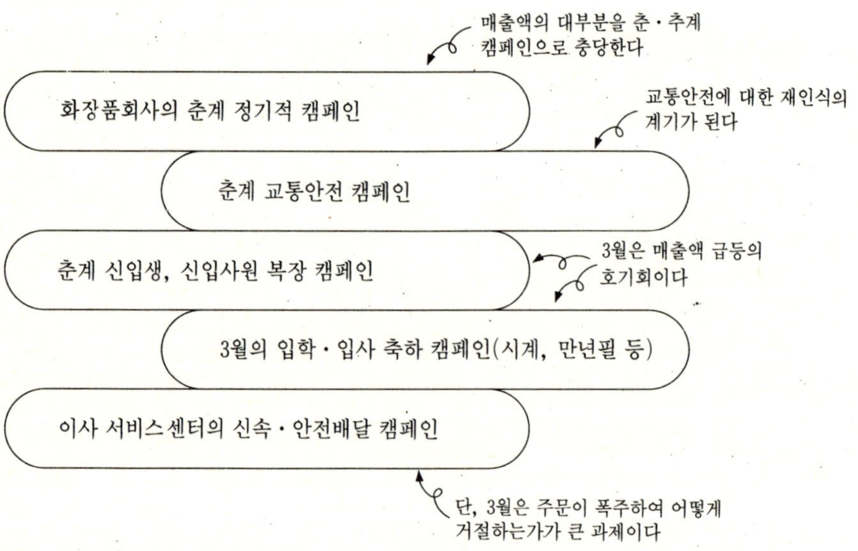

【그림 3】 잡지 발행에서의 시간에 따른 시장세분화 전략

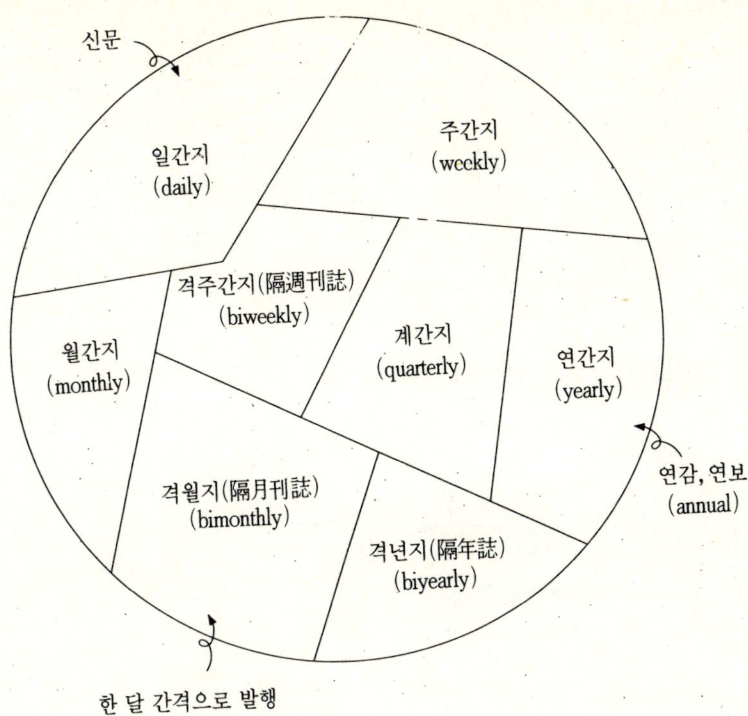

3-9 기간 한정형 타임 마케팅

【그림 1】 기간 한정형 타임 마케팅이란

기간한정형 타임 마케팅이란

을 말한다

디 마케팅(De Marketing)의 일종으로서 수요를 억제함으로써 더욱 큰 만족을 제공하고자 하는 마케팅이다

【그림 2】 두 가지 타입의 기간 한정형 타임 마케팅

【그림 3】 판매기간을 한정시킴으로써 매력을 높이는 마케팅

한정판매기간과 한정생산이 상호 결부되어 있다
(예) 한정대수 판매자동차, 특별사양(仕樣)자동차

판매촉진이 목적일 경우이다
(예) 특별가격, 프리미엄부 판매

【그림 4】 기간을 한정시킴으로써 어떤 현상이 발생되는가 ?

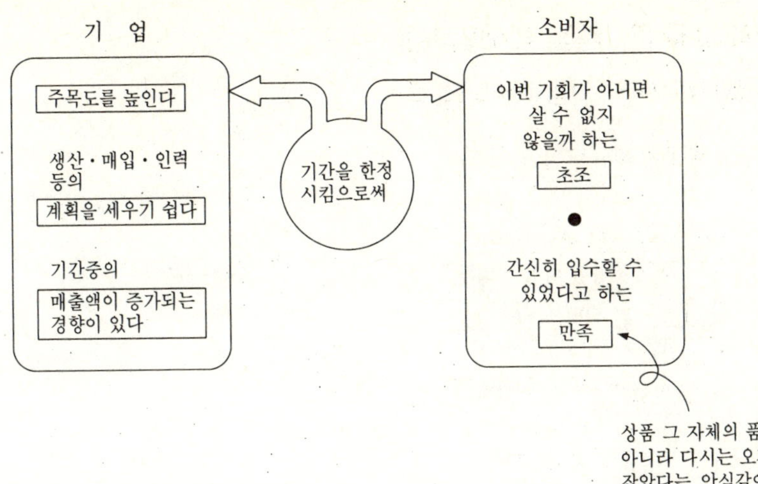

상품 그 자체의 품질적 만족만이 아니라 다시는 오지 못할 기회를 잡았다는 안심감이 더욱 만족도를 높여주는 결과로 나타난다

【그림 5】 생산기간 단축화를 위한 연구

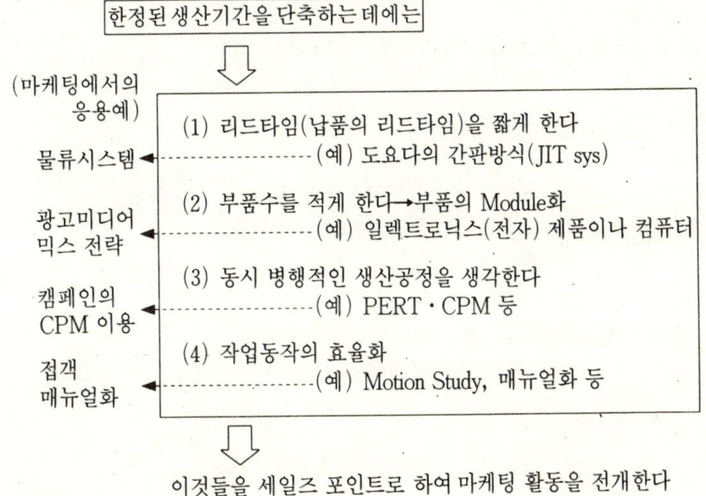

【그림 6】 기간 한정형 레스토랑(일본예)

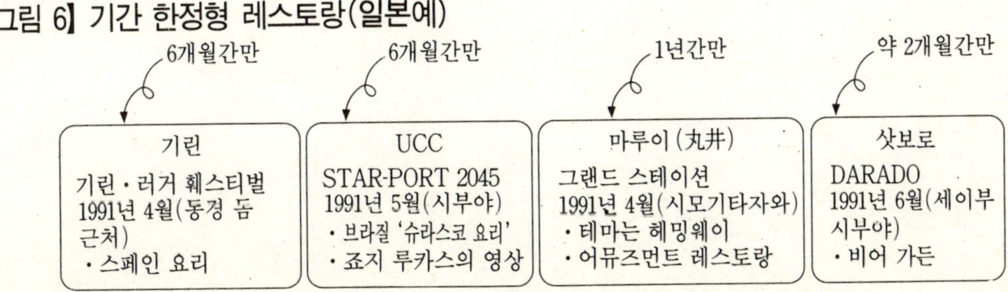

4 시간 경과상에서의 타임 마케팅

4-1 시간 경과상에서의 타임 마케팅이란

【그림 1】 시간 경과상에서의 타임 마케팅의 종류

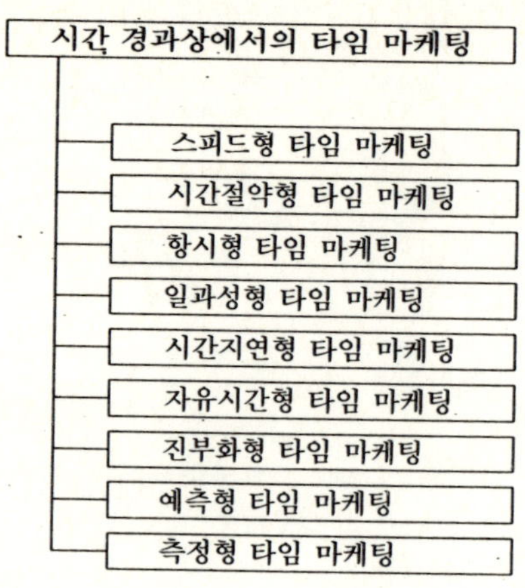

【그림 2】 시간 경과상에서의 타임 마케팅을 한마디로 표현한다면

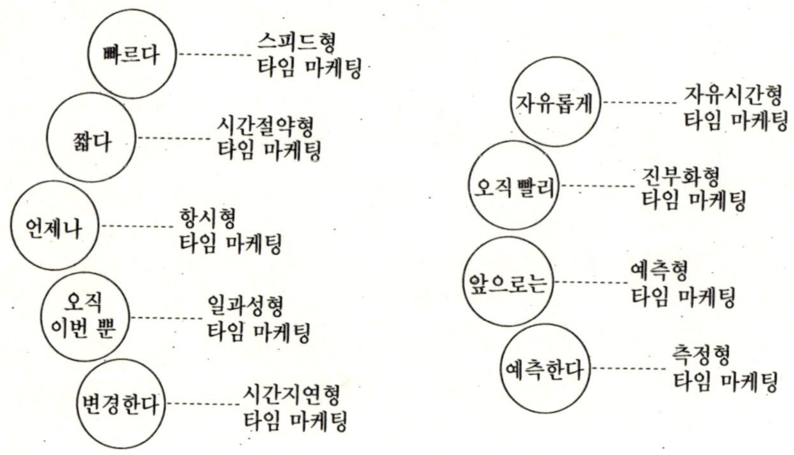

【그림 3】 일본경제신문사의 정보 비즈니스의 타임 마케팅

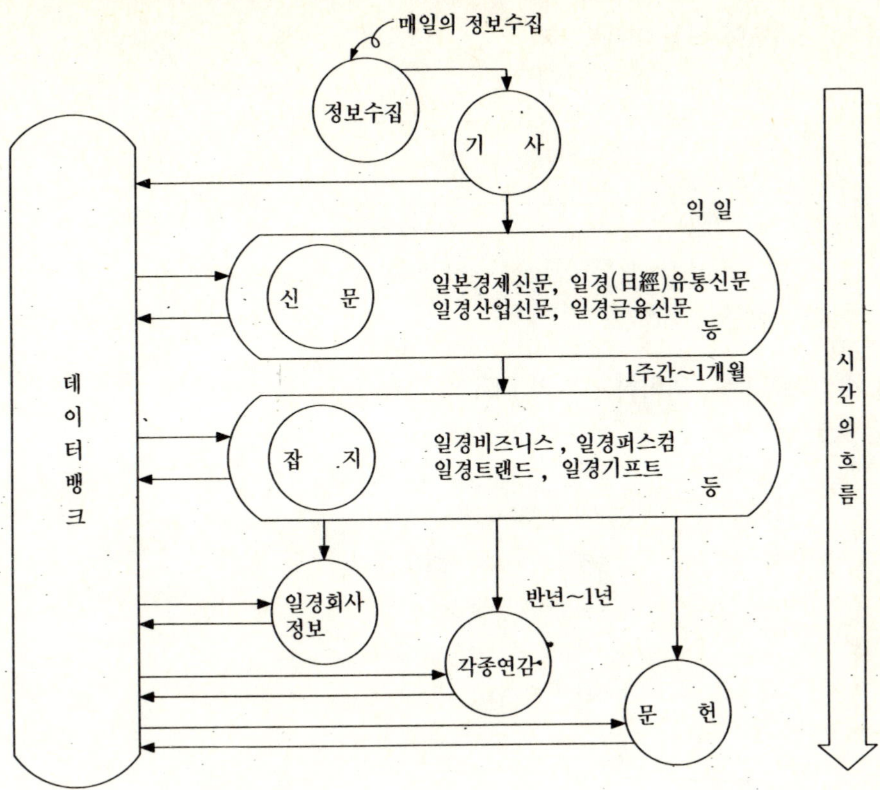

【그림 4】 비즈니스 찬스와 시장기회의 시간과의 관계

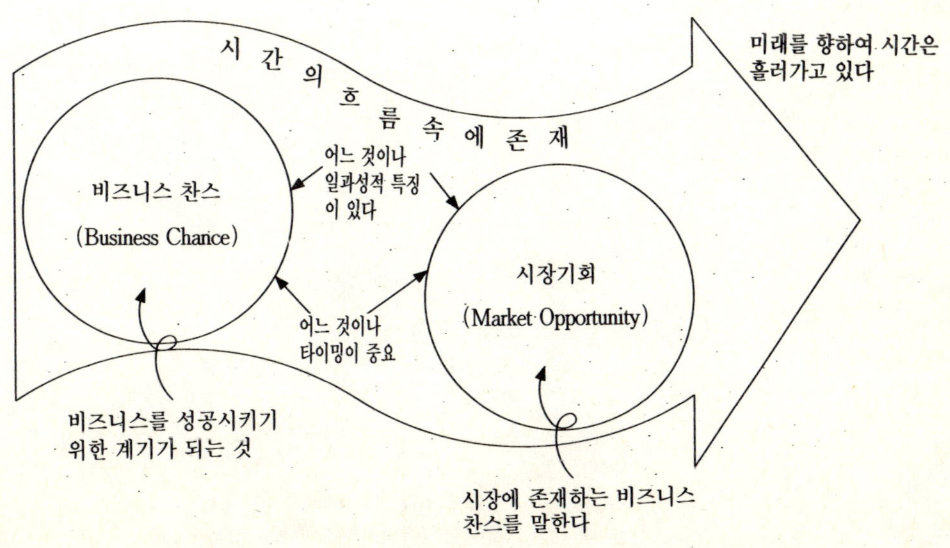

4-2 스피드형 타임 마케팅

【그림 1】 스피드형 타임 마케팅이란

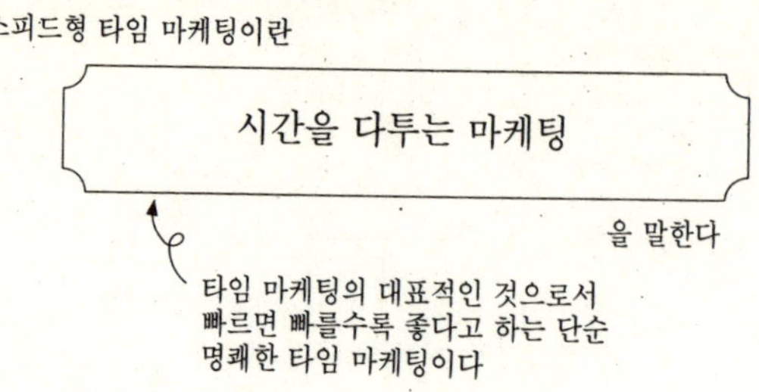

【그림 2】 '빠르기'를 의미하는 말의 대표적인 예

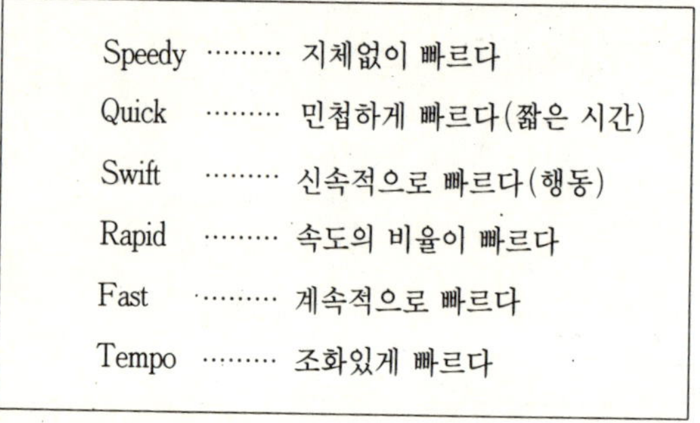

【그림 3】 사명(社名)·점포명·브랜드명 등에 사용되는 '빠르기'를 이미지 시켜주는 영어단어

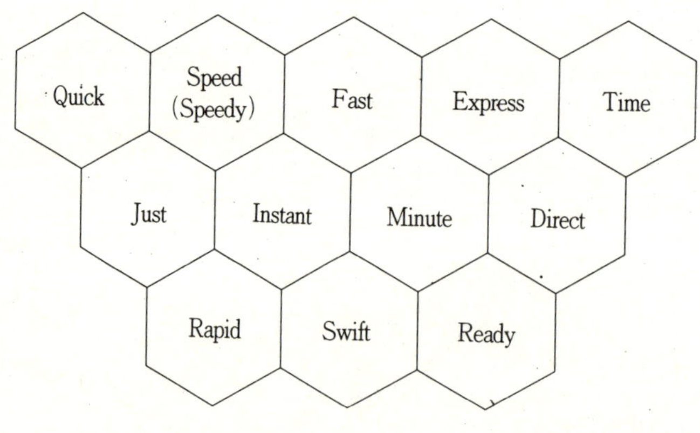

(기타)
· Haste ······ 조급해 한다 라는 이미지가 강하다
· Snap ······ 불의의 일격이라는 이미지가 강하다

【그림 4】 Federal Express社의 타임 마케팅

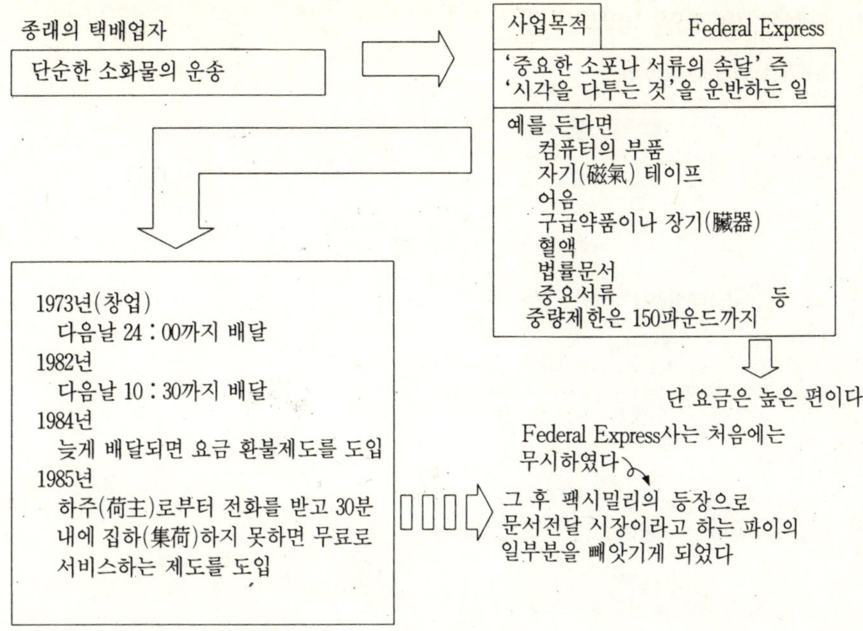

【그림 5】 도오요 새시의 수발주(受發注) 시스템(TOPICS)과 생산·물류체제(TRAIN) 와의 토털시스템 도(圖)

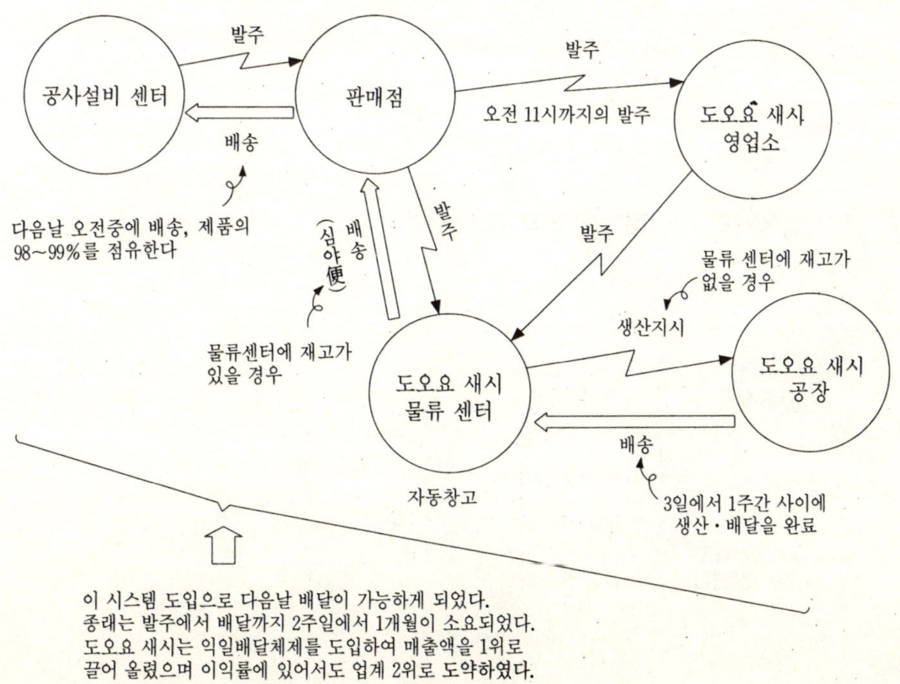

이 시스템 도입으로 다음날 배달이 가능하게 되었다.
종래는 발주에서 배달까지 2주일에서 1개월이 소요되었다.
도오요 새시는 익일배달체제를 도입하여 매출액을 1위로
끌어 올렸으며 이익률에 있어서도 업계 2위로 도약하였다.

4-3 시간절약형 타임 마케팅

【그림 1】 시간절약형 타임 마케팅이란

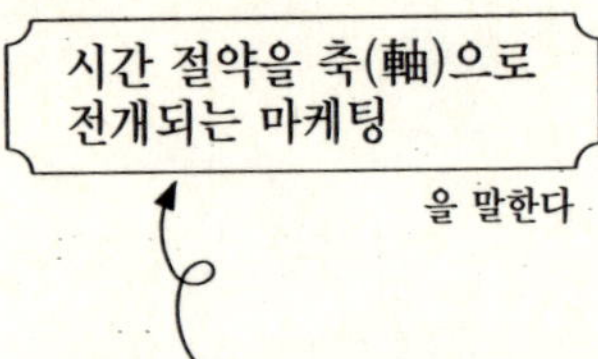

시간 절약이라는 지극히 당연한 것을 목
적으로 하고 있기 때문에 누구나 이해할
수 있는 마케팅이다.
그러나 시간의 절약에는 한도가 있으며
시간 절약이 안될 때의 마케팅 쪽이 보다
곤란하며 고도의 노하우가 필요시되고
있는 것이다

【그림 2】 시간절약에는 3가지 관점이 있다

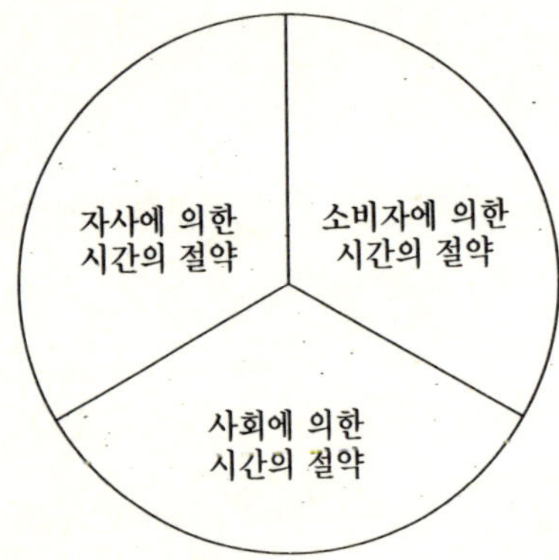

【그림 3】 기업에서의 시간절약에 따른 이점은 ?

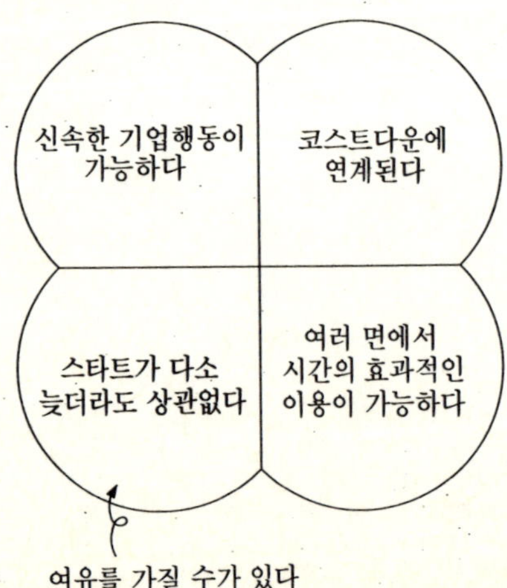

【그림 4】 시간절약에 따른 타사와의 차별화

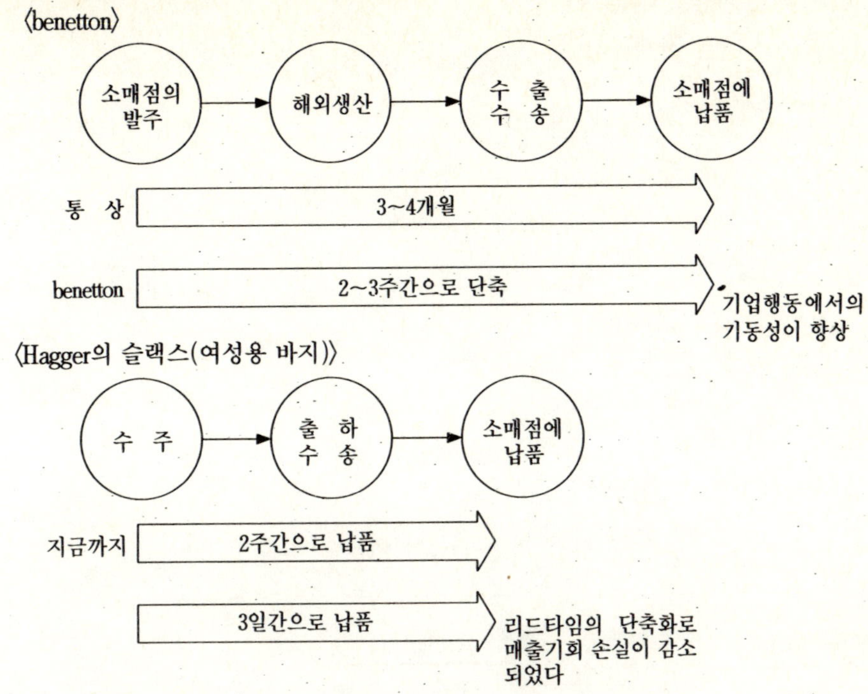

【그림 5】 FMS(Flexible Manufacturing System)의 타임면에서의 장점

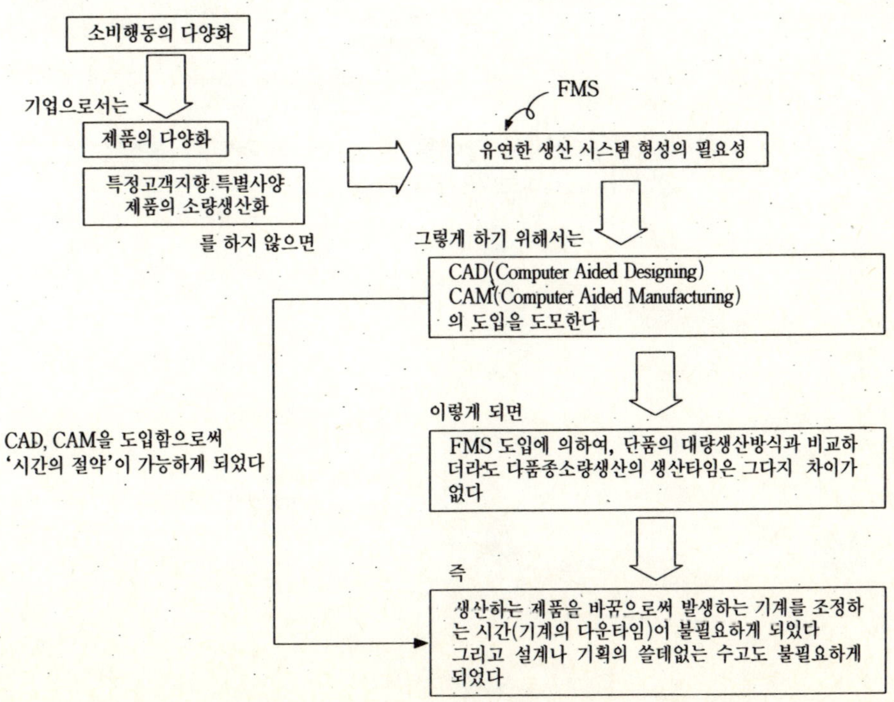

4-4 항시형(恒時型) 타임 마케팅

【그림 1】 항시형 타임 마케팅이란

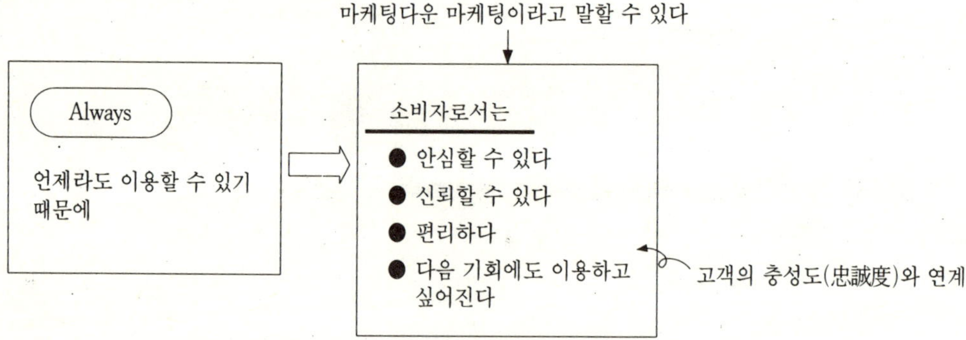

【그림 2】 항시형 타임 마케팅의 본질적 요소

【그림 3】 항시형 타임 마케팅은 소비자 만족을 우선으로 할 것인가 코스트 절감을 우선으로 할 것인가가 문제로 제기되는 일이 많다

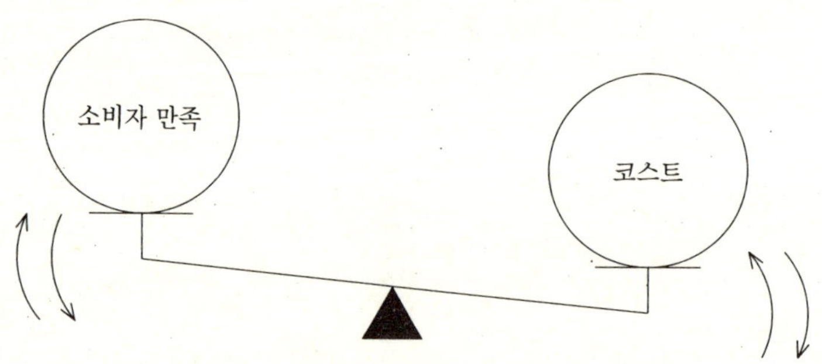

【그림 4】 24시간 서비스의 항시형 타임 마케팅의 대표적인 예

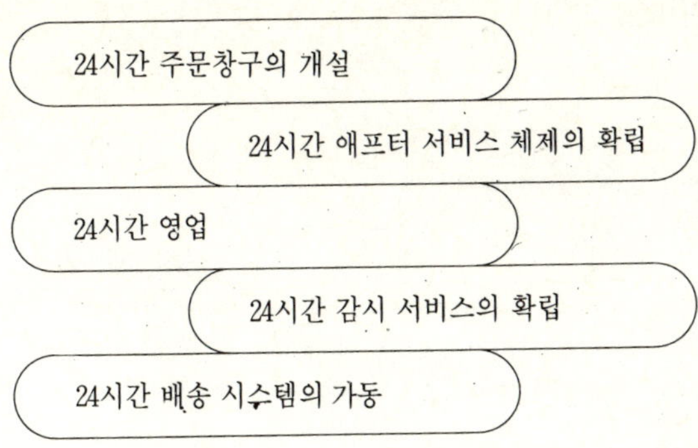

【그림 5】 통신판매의 예약접수 24시간화

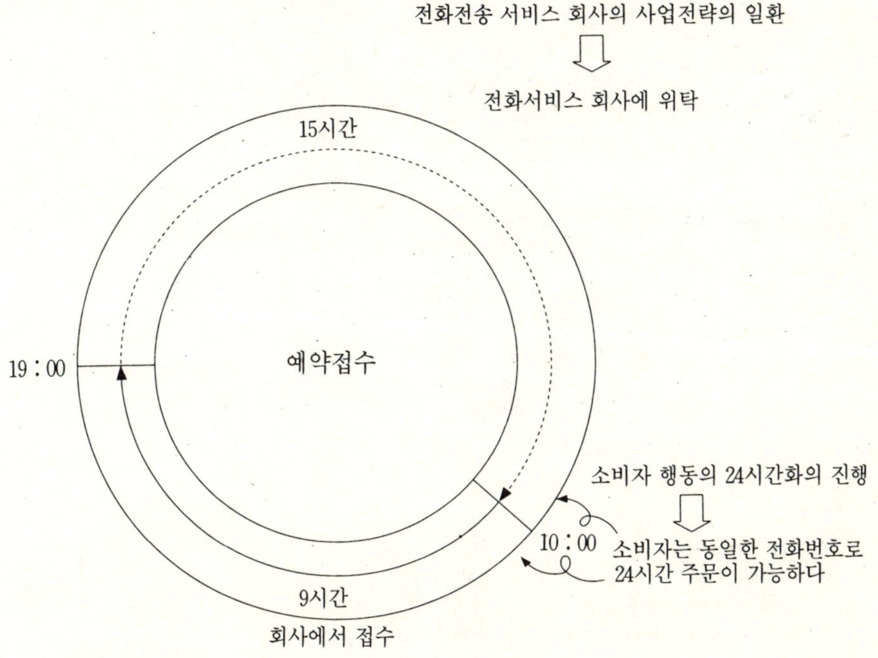

4-5 일과성형(一過性型) 타임 마케팅

【그림 1】 일과성형 타임 마케팅이란

일과성형 타임 마케팅이란

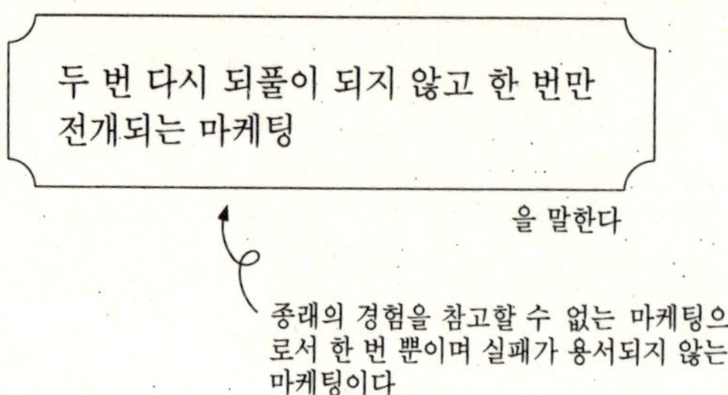

을 말한다

종래의 경험을 참고할 수 없는 마케팅으
로서 한 번 뿐이며 실패가 용서되지 않는
마케팅이다

【그림 2】 일과성이란

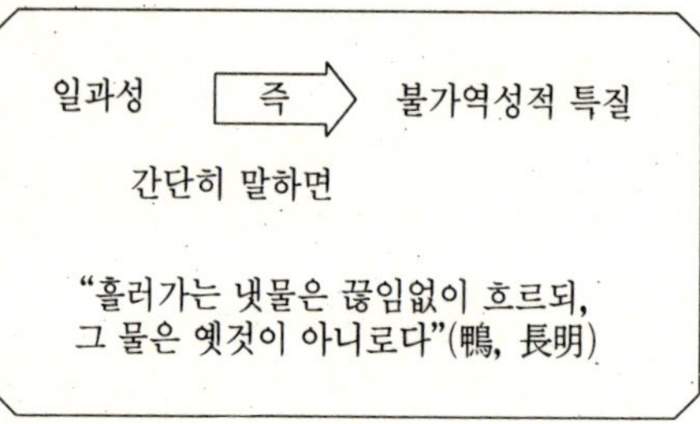

【그림 3】 일과성형 타임 마케팅의 두 가지 타입

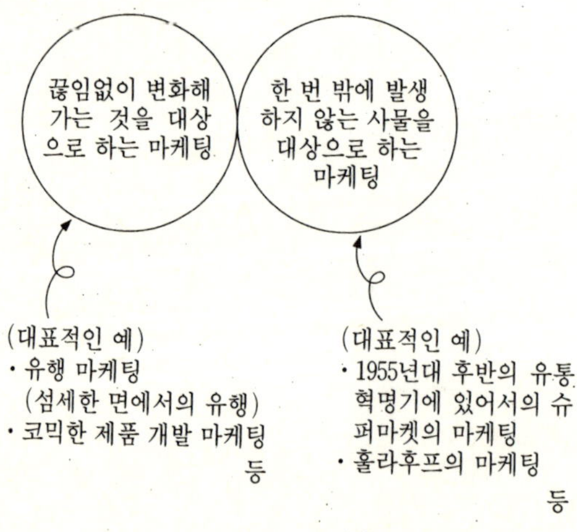

【그림 4】 마케팅 행동에는, Temporality(변화 유동성)이 필요

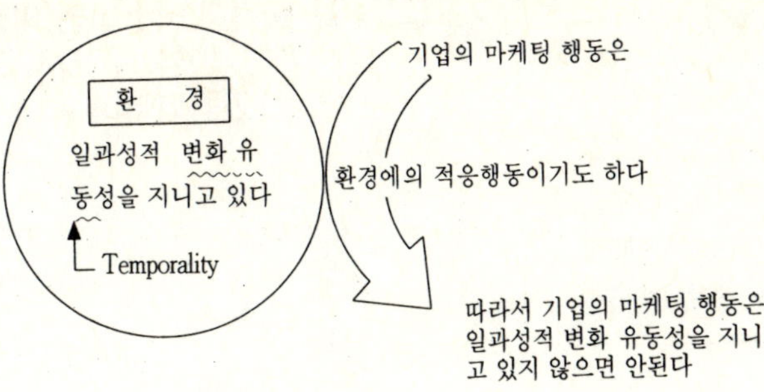

【그림 5】 일과성적 대히트 상품의 예

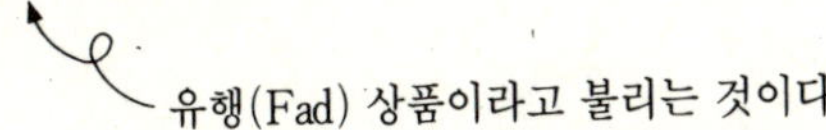

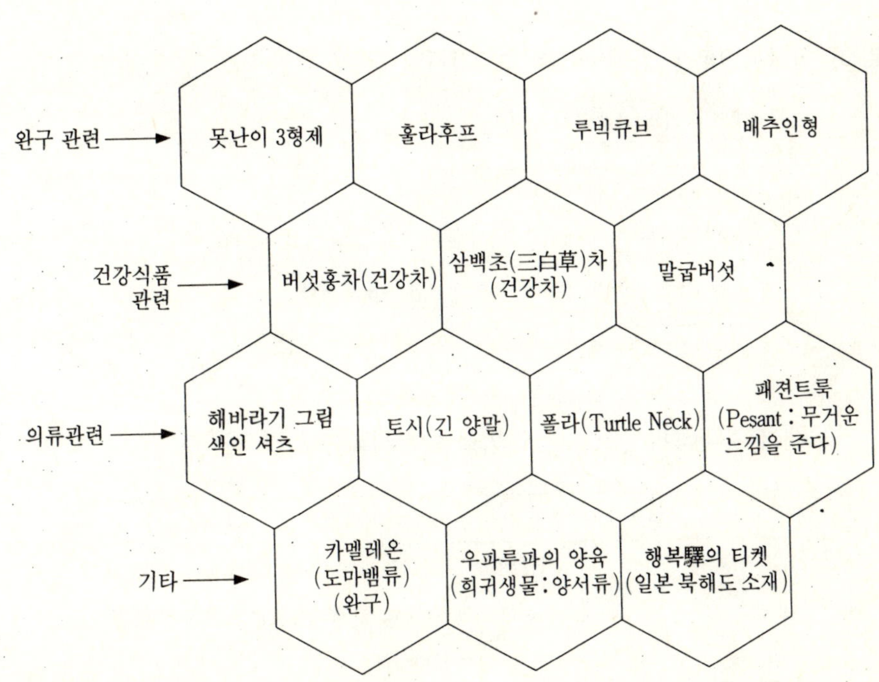

【그림 6】 일과성형 타임 마케팅의 키포인트

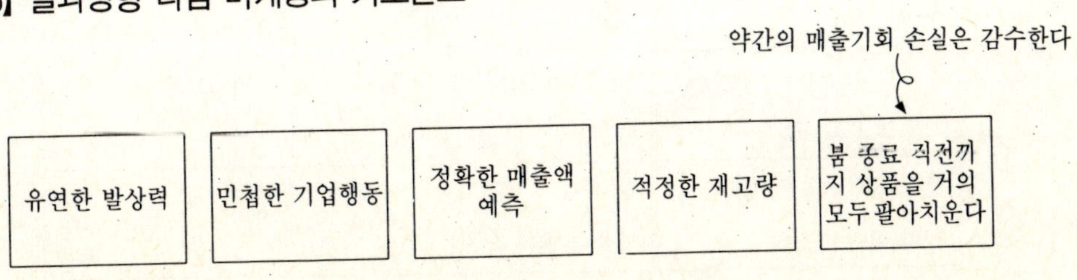

4-6 시간지연형(時間遲延型) 타임 마케팅

【그림 1】 시간지연형 타임 마케팅이란

시간지연형 타임 마케팅이란

시간을 지연시키기 위한 마케팅, 즉 시간을 지연시키는 동안 필요한 시간을 확보할 수 있는 마케팅

을 말한다

특수한 마케팅이지만 현실적으로 매우 중요한 마케팅의 하나이다

【그림 2】 시간지연형 타임 마케팅에는 다음 두 가지 조건이 만족되어야 한다

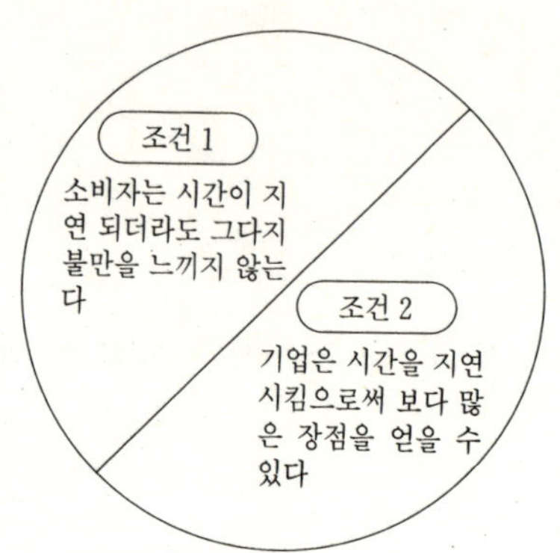

【그림 3】 시간지연형 타임 마케팅에는 2가지의 하위(下位) 마케팅이 있다

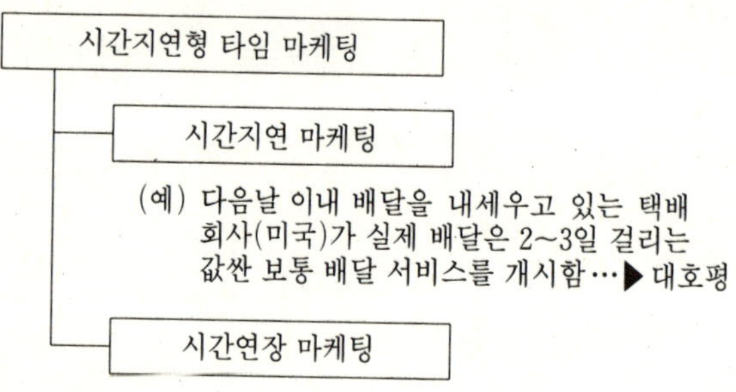

(예) 다음날 이내 배달을 내세우고 있는 택배 회사(미국)가 실제 배달은 2~3일 걸리는 값싼 보통 배달 서비스를 개시함…▶ 대호평

〈표 1〉 고객을 기다리게 함으로써 만족을 증가시키는 시간지연 마케팅

복싱	호명을 하여 대결할 때까지의 소요되는 시간
유명인기가수의 신곡(新曲)	신곡(新曲)을 발표하고 나서 디스크를 바로 발매하지 않고 어느 정도 지난 후 출시함으로써 그동안 많은 예약을 받는 전략이다
홉손즈의 아이스크림	개점하기 전 아르바이트를 점포 앞에 줄세워 일반소비자의 주목을 끌게 하여 붐을 만들어 낸다
페미컴 게임 소프트	게임종료시까지의 시간을 길게 잡음(난이도를 높임)으로써 인기를 상승시킨다
任天堂(장난감회사명) 슈퍼 페미컴 도입	두 차례나 발매일을 연기시켜 붐을 의도적으로 만들어 낸다

【그림 4】 시간연장 마케팅(3가지의 타입)

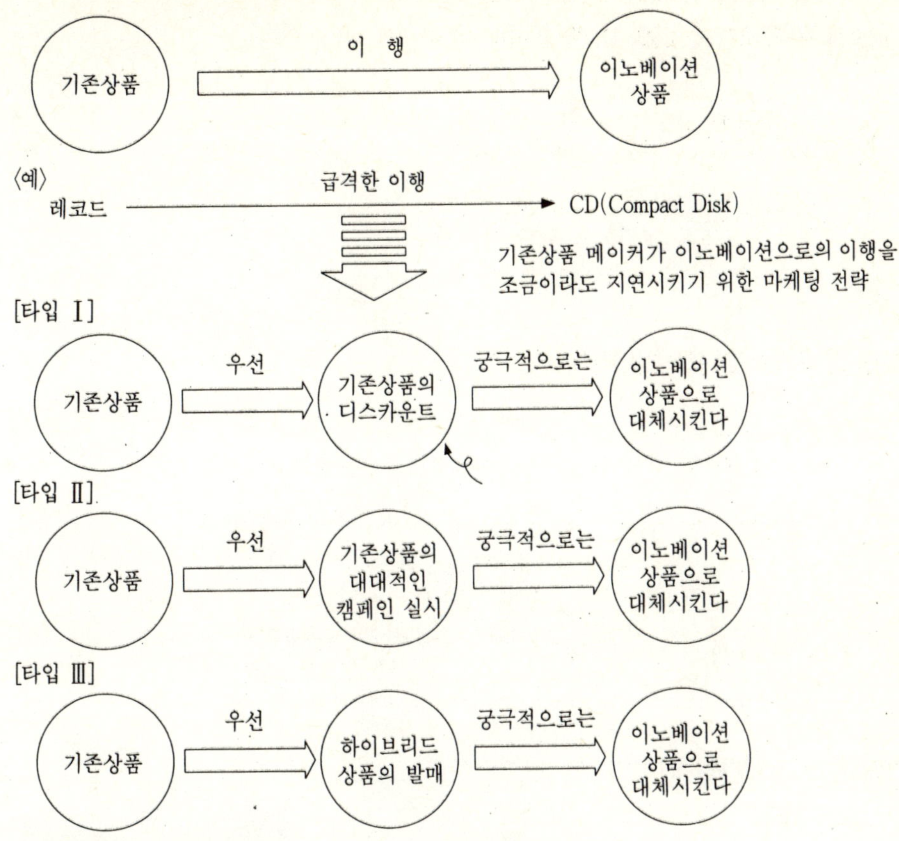

【그림 5】 시간연장 마케팅 타입 I·II·III의 대표적인 예

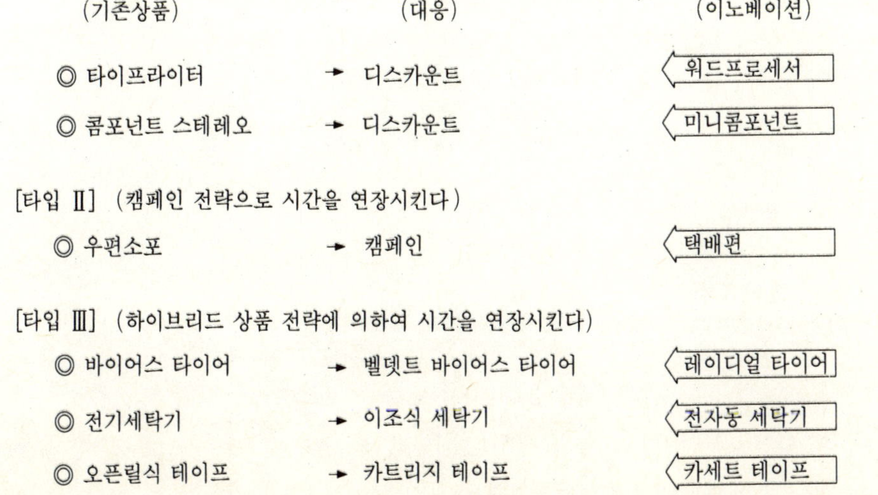

4-7 자유시간형(自由時間型) 타임 마케팅

【그림 1】 자유시간형 타임 마케팅이란

자유시간형 타임 마케팅이란

> 시간설정을 자유롭게 하는 것을 세
> 일즈 포인트로 하는 마케팅

을 말한다

【그림 2】 자유시간형 타임 마케팅

- 언제라도 서비스를 받을 수가 있음
- 서비스를 받는 시간의 한도가 정해져 있지 않음
- 지정한 시간을 자유롭게 변경
- 자유시간이 주어져 있음
- 시간을 자유롭게 설정할 수 있음

【그림 3】 자유시간형 타임 마케팅의 예

여 행 사

'뉴욕 6일간 프리플랜'

호텔과 왕복항공권이 지정(또는 선택),
기타 모든 것 자유행동의 여행상품

서울랜드

'자유이용권·미니 자유이용권'

특정기간·특정지역 내에서는
자유롭게 이용할 수 있는 티켓

지하철

'하루동안 자유롭게 이용되는 승차권'

하루동안 마음대로 지하철을 이용할 수 있음

스포츠 클럽

'특별회원 프리패스증'

예약없는 시설이용허가증

【그림 4】 해외여행에서의 자유시간형 타임 마케팅

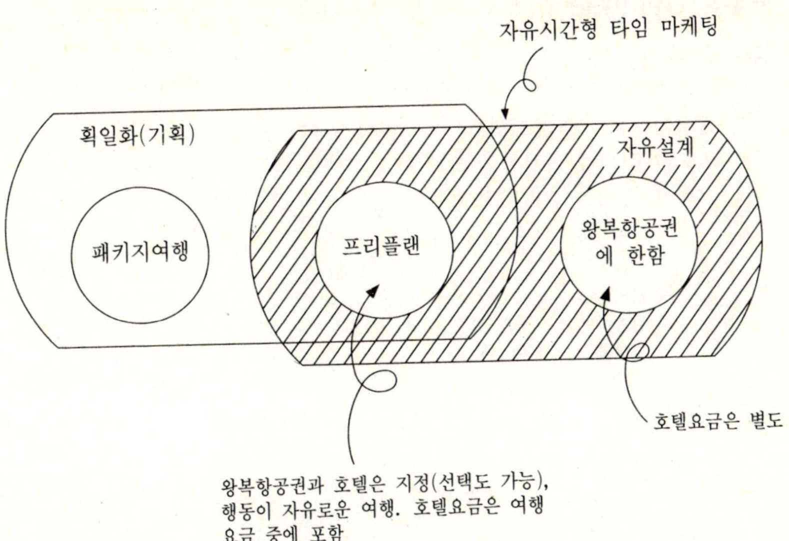

【그림 5】 하계휴가의 플랙스 타임(Flex Time)화에 의한 마케팅의 변화

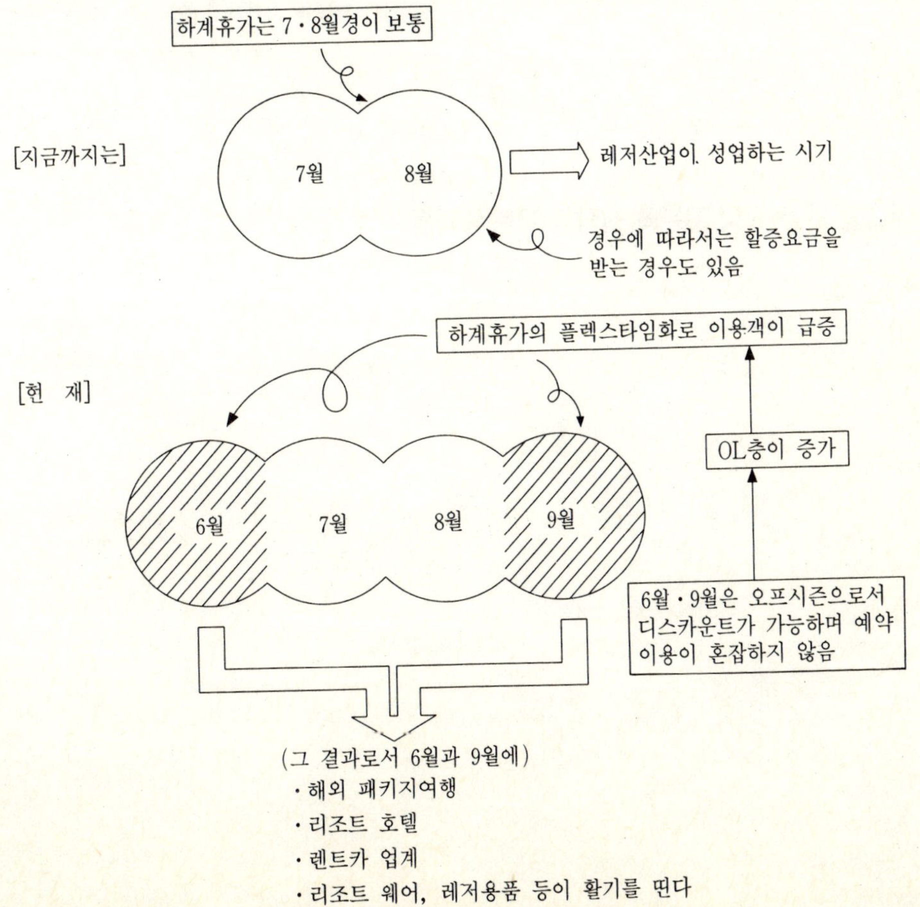

4—8 진부화형(陳腐化型) 타임 마케팅(1)

【그림 1】 진부화형 타임 마케팅이란

진부화형 타임 마케팅이란

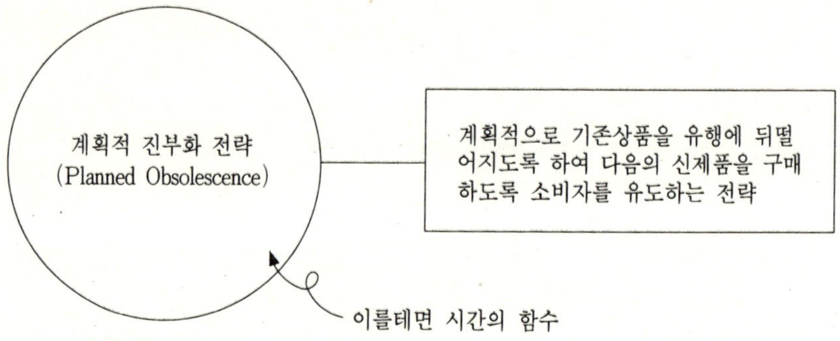

【그림 2】 계획적 진부화란

【그림 3】 계획적 진부화 전략의 기본적 내용

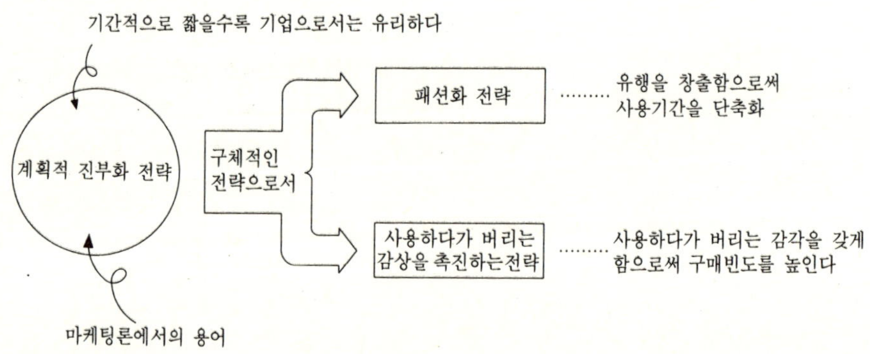

【그림 4】 계획적 진부화 전략의 구체적 전략 전개

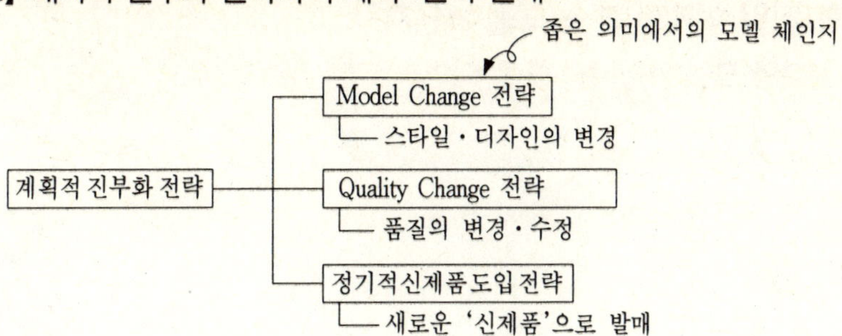

【그림 5】 계획적 진부화의 사회성은 ?

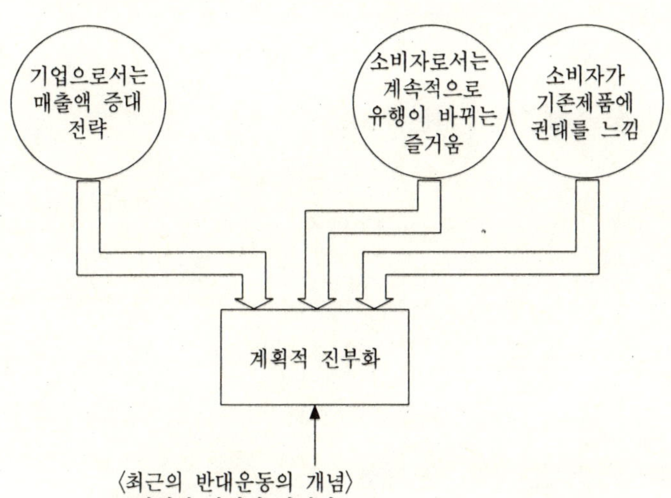

4—9 진부화형 타임 마케팅(2) —모델 체인지—

【그림 1】 넓은 의미의 모델 체인지와 좁은 의미의 모델 체인지

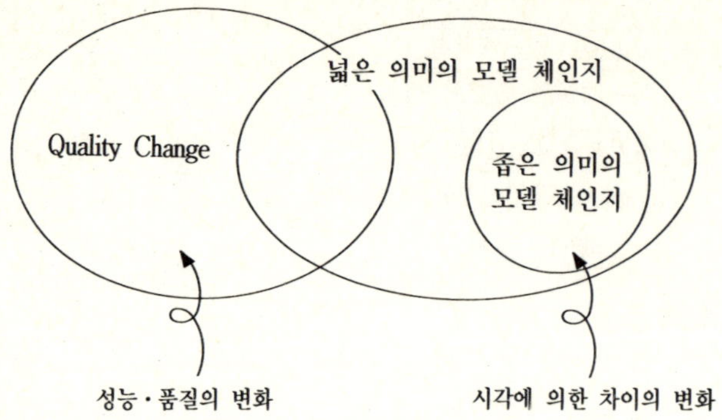

【그림 2】 좁은 의미에서의 모델 체인지의 기본적 사고

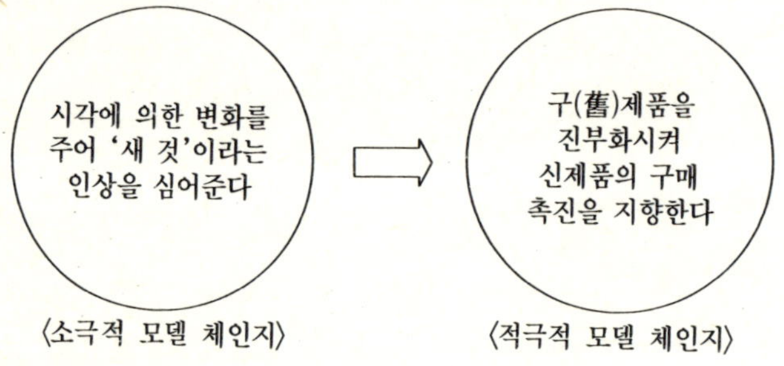

【그림 3】 좁은 의미에서의 모델 체인지의 기본요소

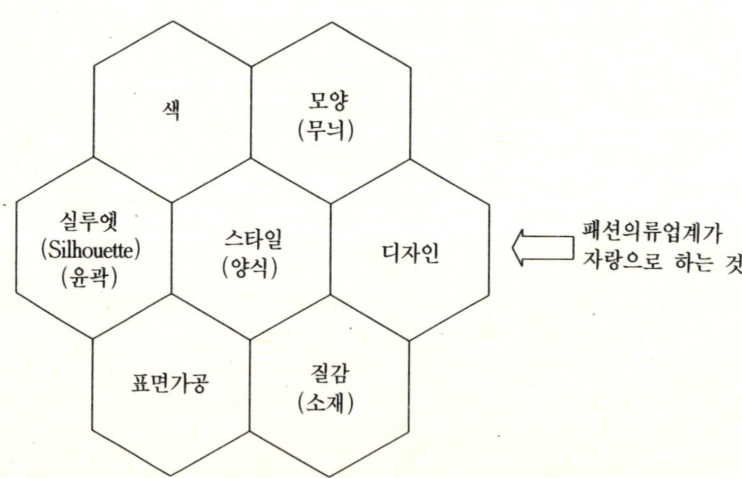

【그림 4】 모델 체인지의 종류

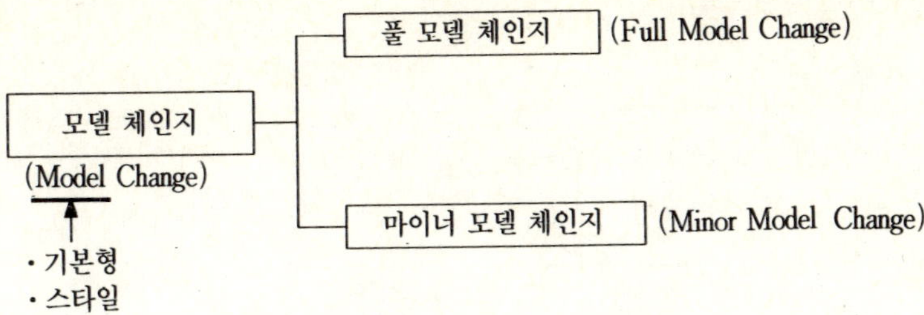

【그림 5】 모델 체인지에 의한 매출액 변화의 기본 패턴

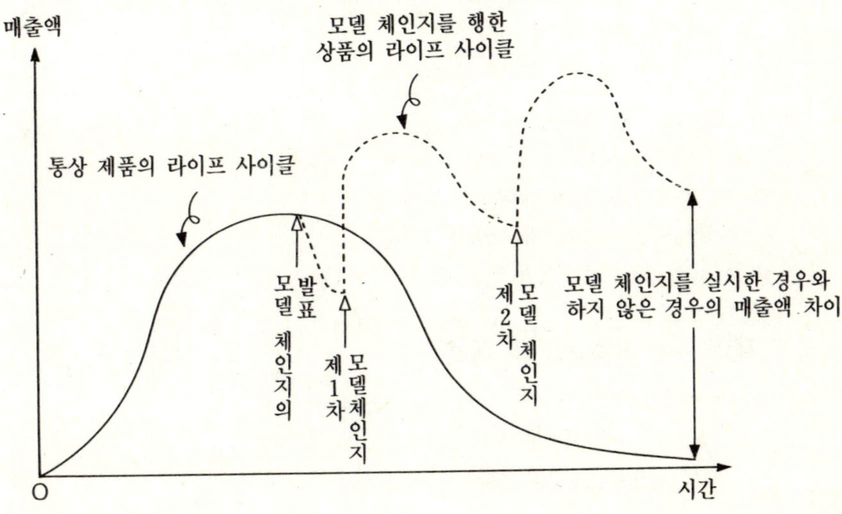

【그림 6】 일련의 모델 체인지의 매출액 곡선

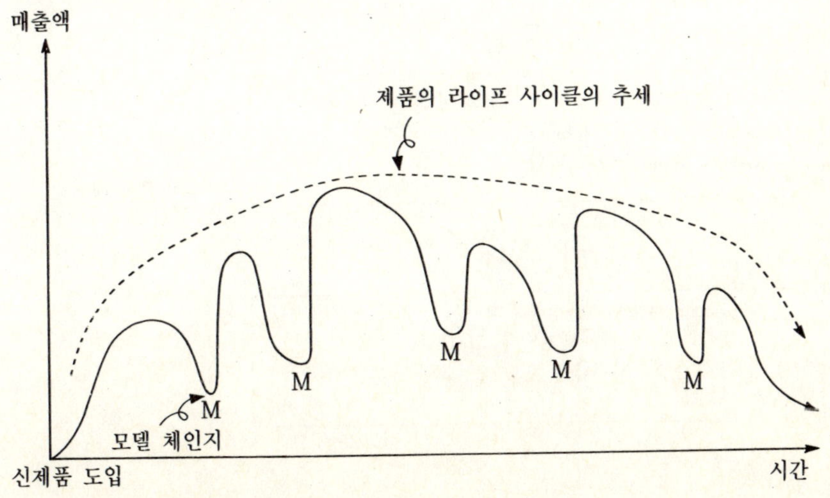

4-10 예측형(豫測型) 타임 마케팅

【그림 1】 예측형 타임 마케팅이란

예측형 타임 마케팅이란

> 어느 시점에서 미래를 예측하는 것을 세일즈 포인트로 하는 마케팅

을 말한다

비즈니스 사회의 변화가 심할수록 예측형 타임 마케팅이 많아진다. 특히 금융비즈니스나 상품선물(先物) 비즈니스에서는 중심적인 것으로 되고 있다

【그림 2】 예측의 메리트란

미래는 불확실

그러므로 예측에 의하여

1. 리스크(Risk)가 경감될 수 있다.
2. 머니 메이킹의 찬스를 획득할 수 있다.
3. 행동 대체안(代替案)을 준비할 수가 있다.
4. 업무의 사전준비 태세를 확립할 수 있다.
5. 쇼크(Shock)를 경감시켜 안심감을 가질 수 있다.

【그림 3】 신제품 판매 가능 기간의 예측

Launch Window :
위성 로케트 등의 발사가능 시간대를 말함

이것을 신제품 도입시기와 관련시켜

신제품 도입시점으로부터 다음의 또다른 신제품이
등장하여 판매가 저조해질 때까지의 기간을
Launch Window라고 말함

이를테면 판매가능 기간임

Launch Window(신상품판매가능기간)를
예측하고 신제품 캠페인을 실시하여
이익(선행투자자금도 포함)을 내지 못하면
안된다

【그림 4】 금융 상품에 있어서의 미래가치에 대한 예측판단(저축·투자·투기의 차이)

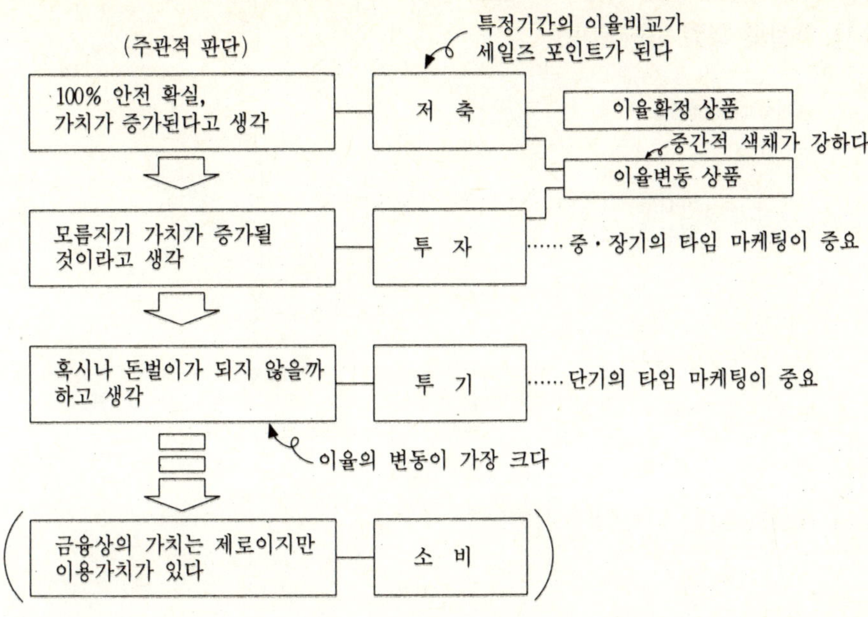

【그림 5】 달러 상장 연동형의 변동이율저축

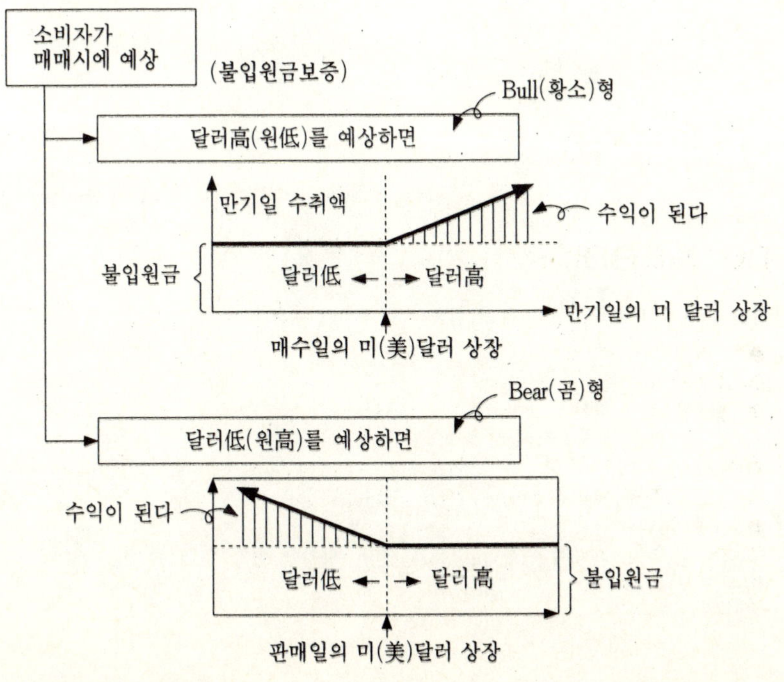

4-11 측정형(測定型) 타임 마케팅

【그림 1】 측정형 타임 마케팅이란

측정형 타임 마케팅이란

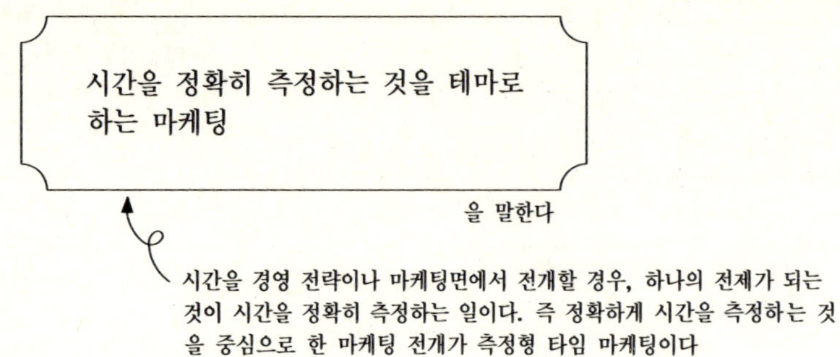

을 말한다

시간을 경영 전략이나 마케팅면에서 전개할 경우, 하나의 전제가 되는
것이 시간을 정확히 측정하는 일이다. 즉 정확하게 시간을 측정하는 것
을 중심으로 한 마케팅 전개가 측정형 타임 마케팅이다

【그림 2】 측정형 타임 마케팅의 기본요소

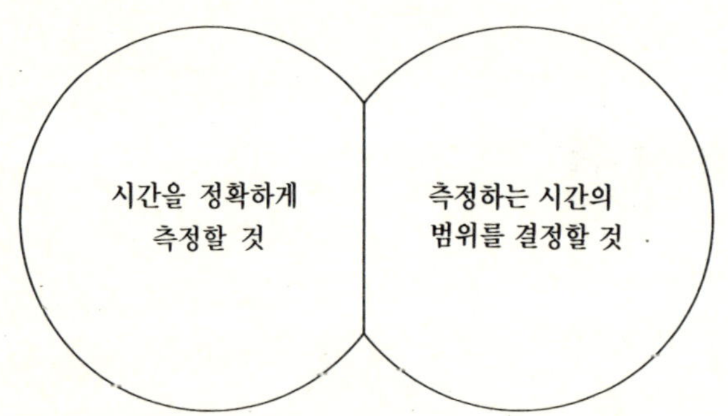

【그림 3】 시간을 측정하는 비즈니스

스피드를 측정한다면 Measure the speed

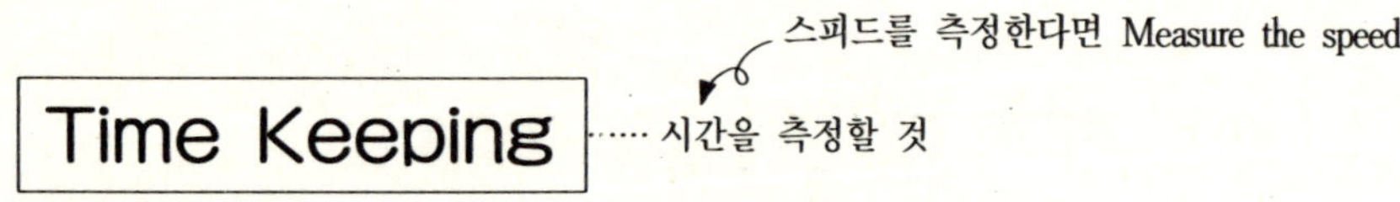

····· 시간을 측정할 것

[시간측정을 하나의 사업목적으로 하는 업종의 대표적인 예]

- 시계메이커
- 계측기 메이커
- 마케팅 조사 회사
  - 신제품의 보급스피드의 측정 등
- 생산관리 컨설팅회사
  - Motion Study나 Time Study 조사 등
- 각종 연구소
  - 화학적 변화나 생물의 성장, 방사성 탄소 연대 측정법 등

【그림 4】 정확성만을 세일즈 포인트로 고집하지 않는 손목시계 시장

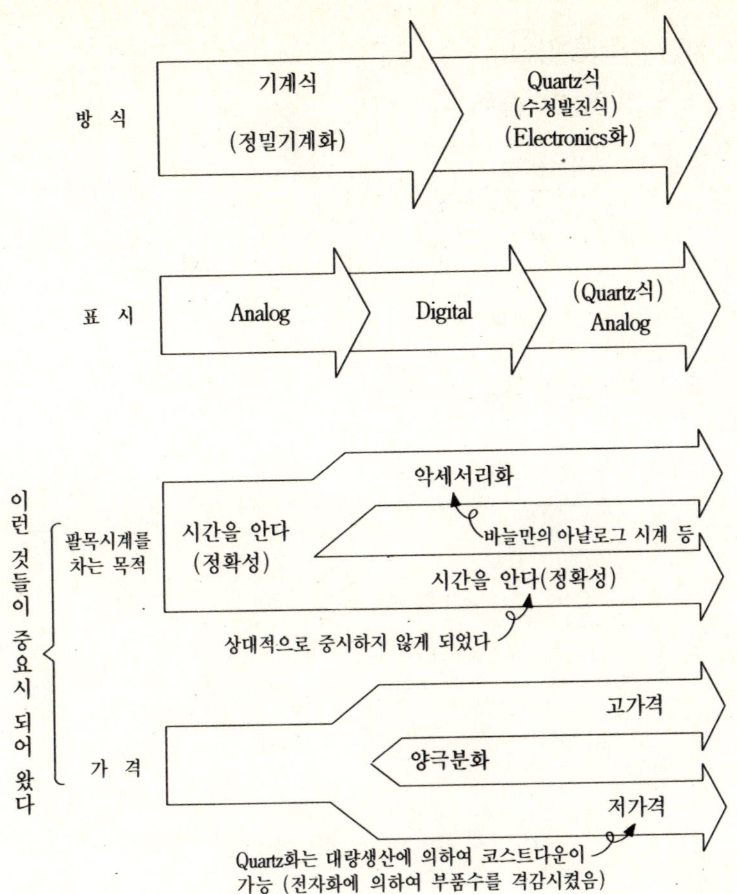

【그림 5】 'Pace'의 마케팅도 측정형 타임 마케팅이다

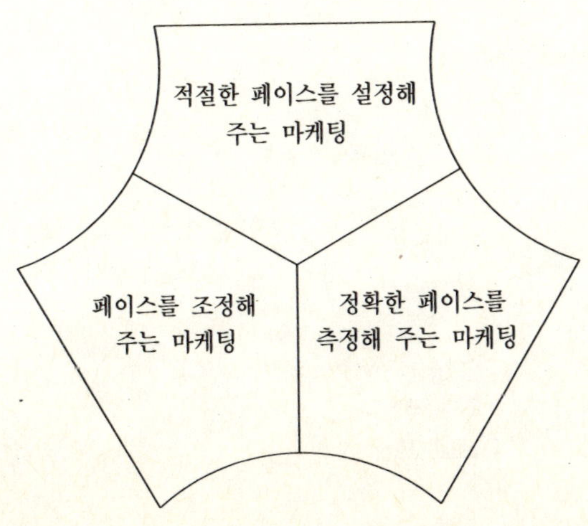

5 동시성(同時性) 타임 마케팅

5-1 동시성 타임 마케팅이란

【그림 1】 동시성 타임 마케팅의 종류

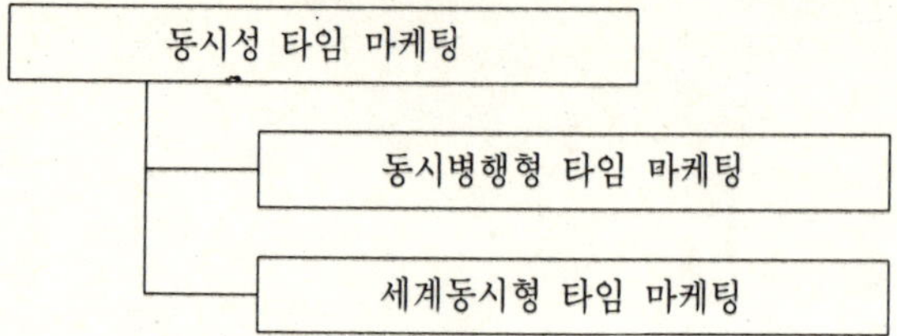

【그림 2】 동시성 타임 마케팅의 특징

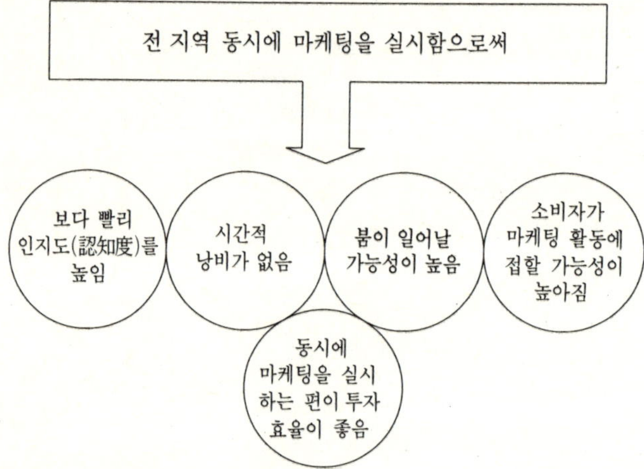

【그림 3】 '동시'와 유사의 개념

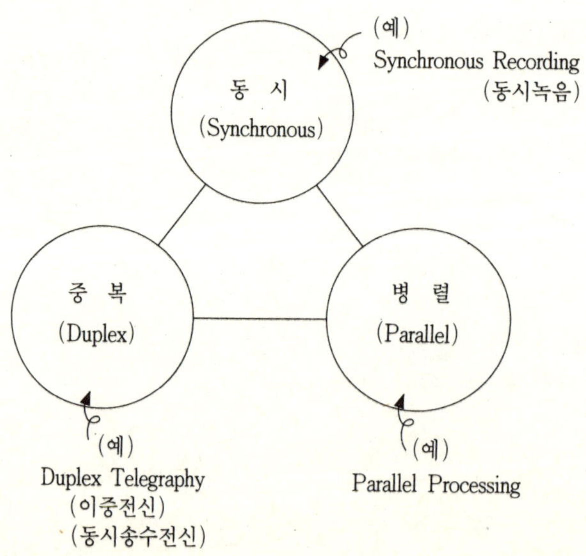

【그림 4】 '동시'와는 다른 개념

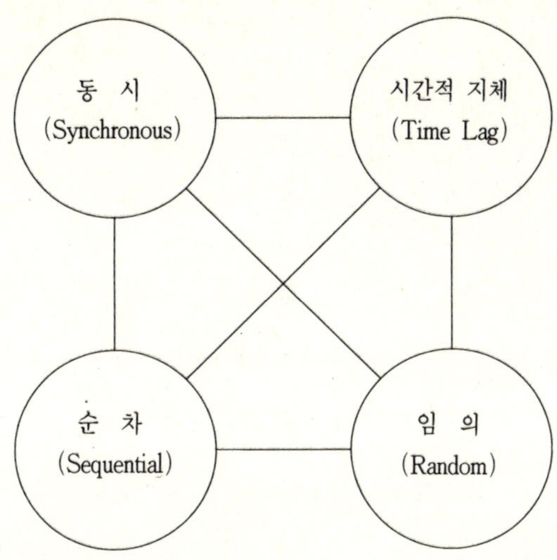

【그림 5】 뉴스 매체(媒體)에서의 동시성 타임 마케팅의 예

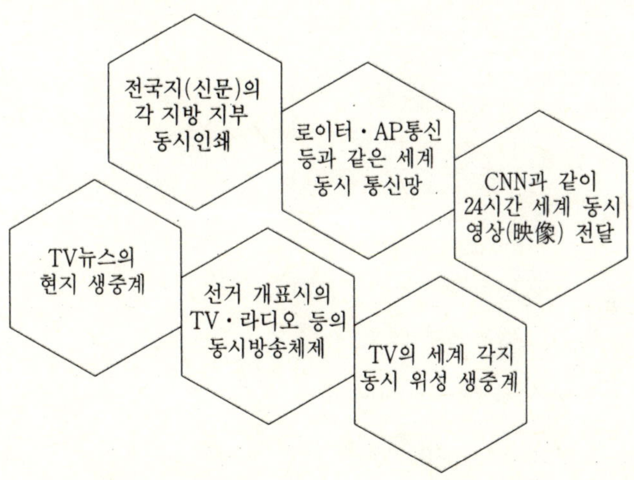

5-2 동시병행형(同時併行型) 타임 마케팅

【그림 1】 동시병행형 타임 마케팅이란

동시병행형 타임 마케팅이란

> 동시병행적으로 진행시켜 가는 것을 세일즈 포인트로
> 하는 마케팅

을 말한다

2개의 기능이나 업무 등을 동시병행적으로
처리해 가는 것은 현대와 같이 '시간은 돈'
의 시대에는 특히 강점이 있는 마케팅이다

【그림 2】 동시병행형 타임 마케팅의 예

고가격 상품과 저가격 상품을 브랜드명을
달리하여 동시병행적으로 판매하는 전략

신제품의 테스트 판매를 여러 가지 조건하에
동시병행적으로 시도해 보는 테스트 마케팅

승용차로 쇼핑하러 온 고객의 차를 세차(洗車)를
해주거나, 수리를 해주는 카서비스 비즈니스

백화점 오픈 전에 TV나 신문 등의 매스컴 매체
캠페인과, 개별방문 캠페인을 동시 병행적으로
실시하는 마케팅

자동차업계의 동일차종 3개 모델의 예와 디자인과 이름
만은 별도로 하고 엔진은 같은 동일 차종을 세 개의 각각
의 루트를 통하여 동시 발매해 가는 마케팅

영화상영과 출판을 동시에 진행시켜 붐을
일으키기 위한 타임 마케팅

【그림 3】 가전제품의 동시병행형 타임 마케팅의 대표적인 예

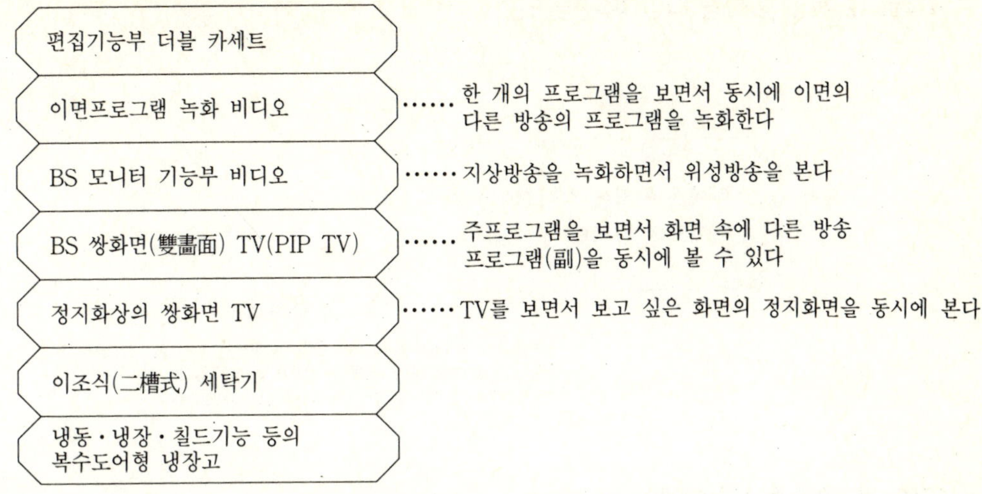

【그림 4】 컴퓨터의 연산처리에서의 타임 마케팅

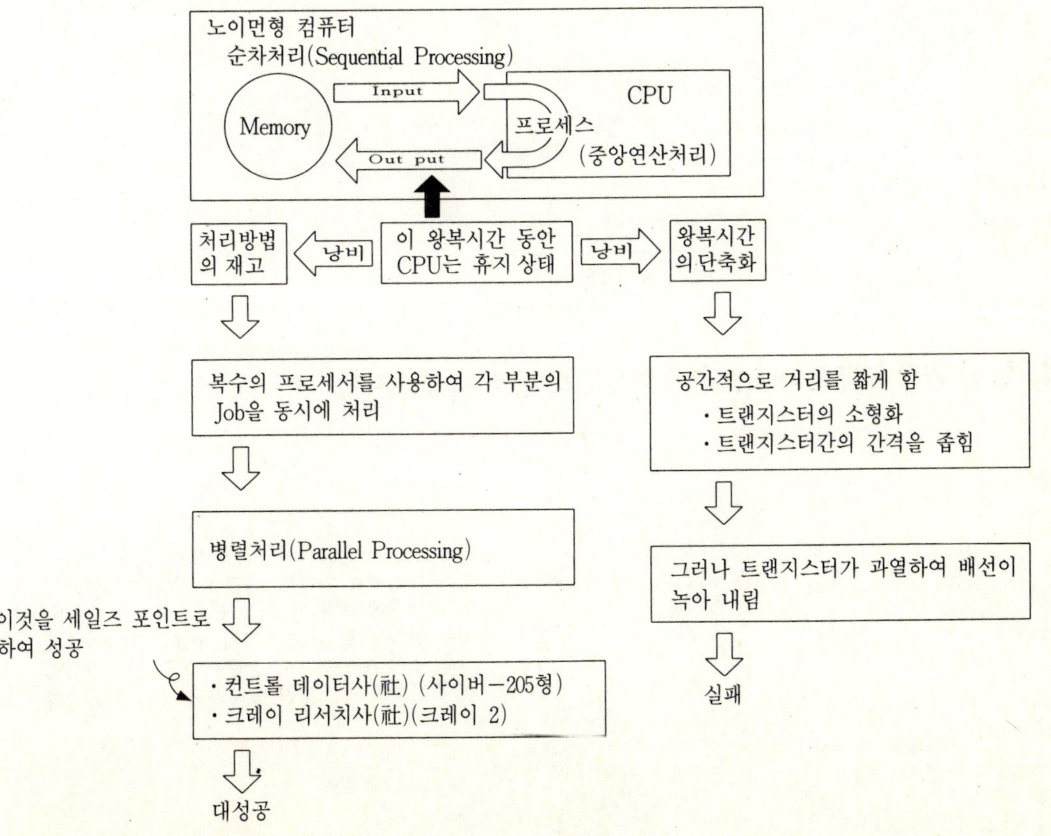

5-3 세계 동시형 타임 마케팅

【그림 1】 세계 동시형 타임 마케팅이란

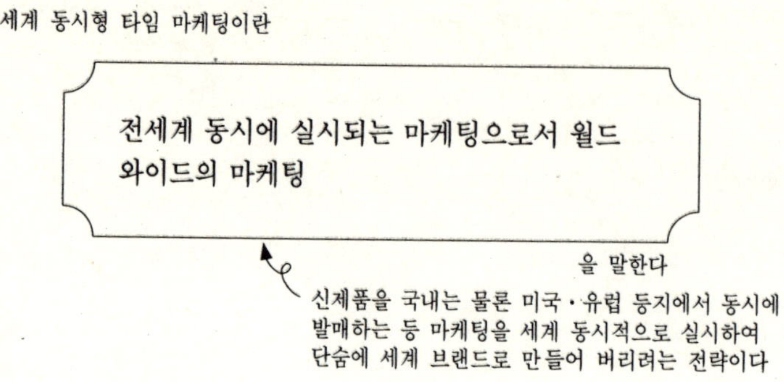

【그림 2】 세계 동시발매에의 3스탭

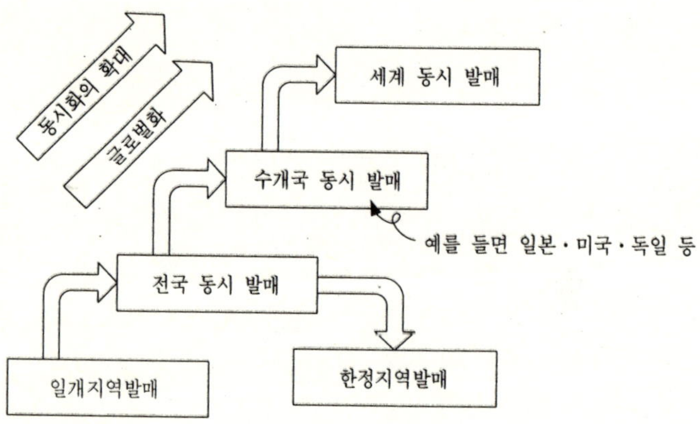

【그림 3】 가장 많이 일어나는 세계 동시형 타임 마케팅(일본예)

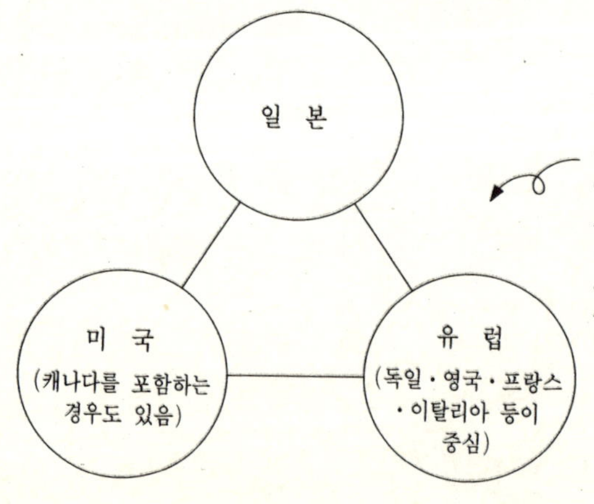

【그림 4】 CNN의 타임 마케팅

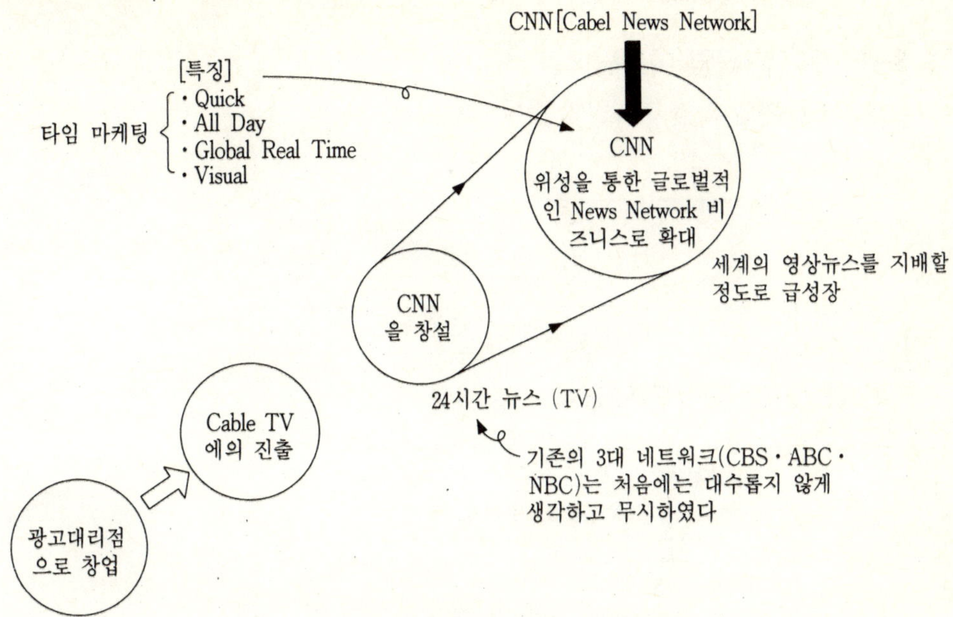

【그림 5】 대규모적인 세계 동시형 타임 마케팅이 실패하게 될 경우

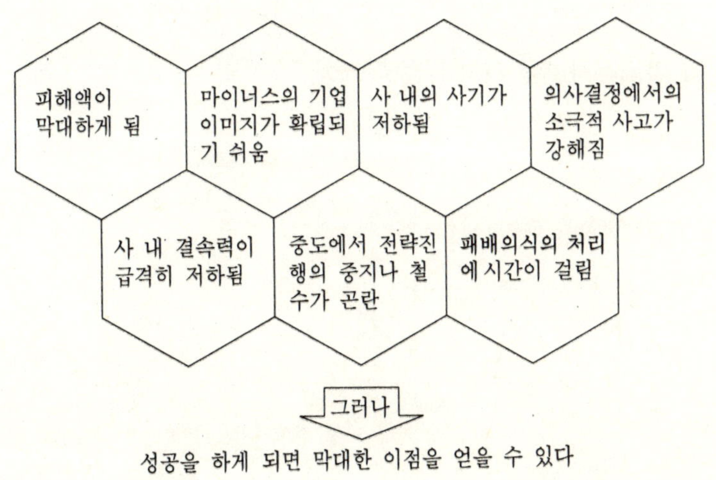

성공을 하게 되면 막대한 이점을 얻을 수 있다

6 주기성(周期性) 타임 마케팅

6-1 주기성 타임 마케팅이란

【그림 1】 주기성 타임 마케팅의 종류

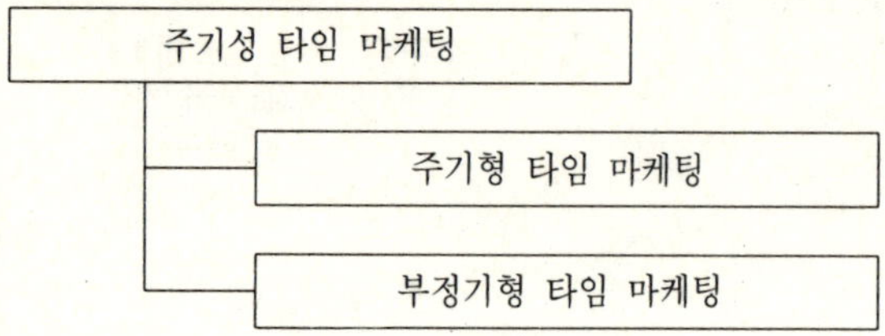

【그림 2】 주기의 여러 가지 형태

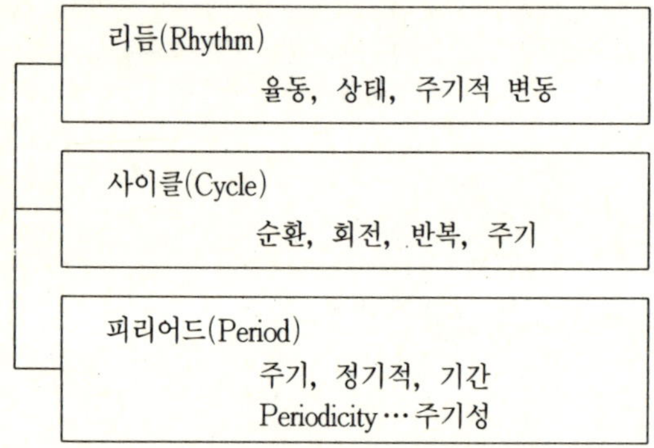

【그림 3】 주기형 타임 마케팅과 부정기형 타임 마케팅

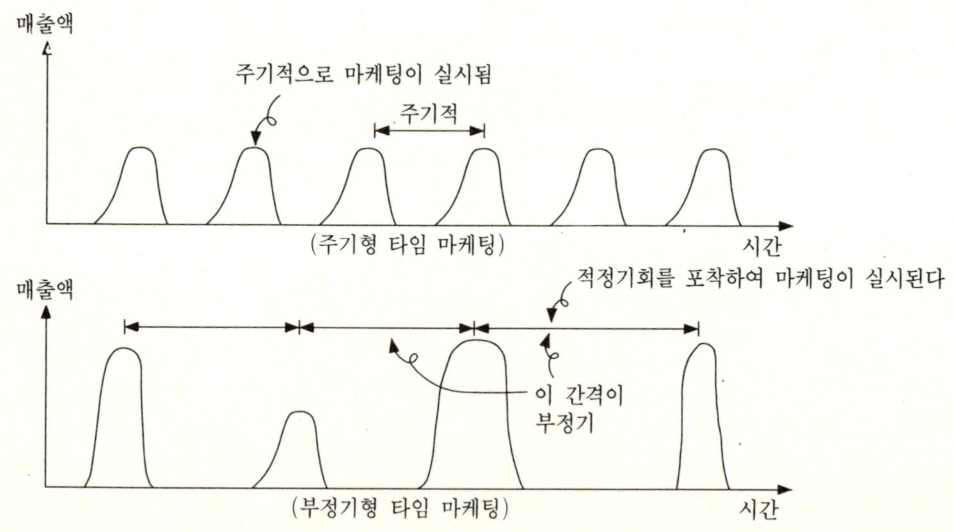

【그림 4】 주기형과 부정기형 상품의 대표적인 예

주기형 상품

- 결혼식장(吉日)
- 골프장(토요일, 일요일, 공휴일)
- 통근전철의 러시아워

부정기형 상품

- 감기약
- 히트송의 레코드 발매
- 자동차의 모델 체인지

주기적으로 매출이 격감되는 상품

- 겨자류 …… 초여름에는 매출 격감
- 가두판매의 경제신문 …… 직장인이 출근하지 않는 날 (일요일, 공휴일, 정월 등)에는 매출 격감

【그림 5】 주기성 타임 마케팅의 최대의 장점과 단점

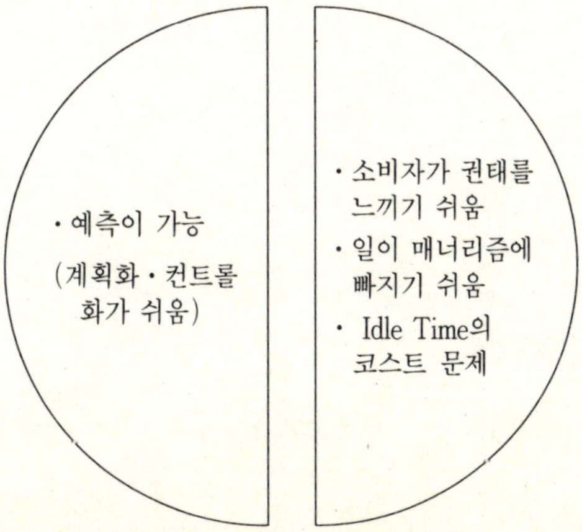

(최대의 장점) (최대의 단점)

6-2 주기형 타임 마케팅(1)

【그림 1】 주기형 타임 마케팅이란

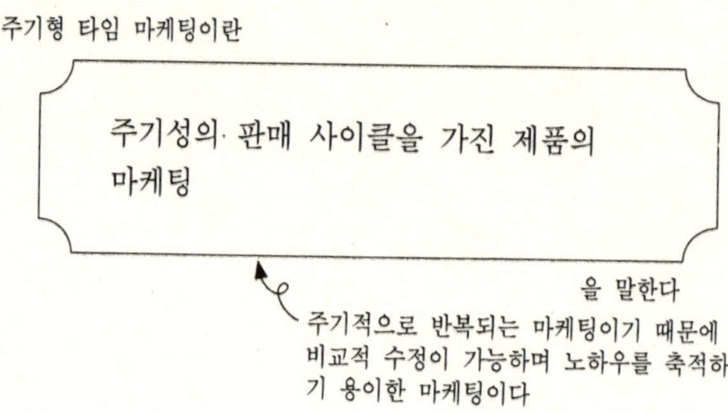

【그림 2】 주기형 타임 마케팅의 장점

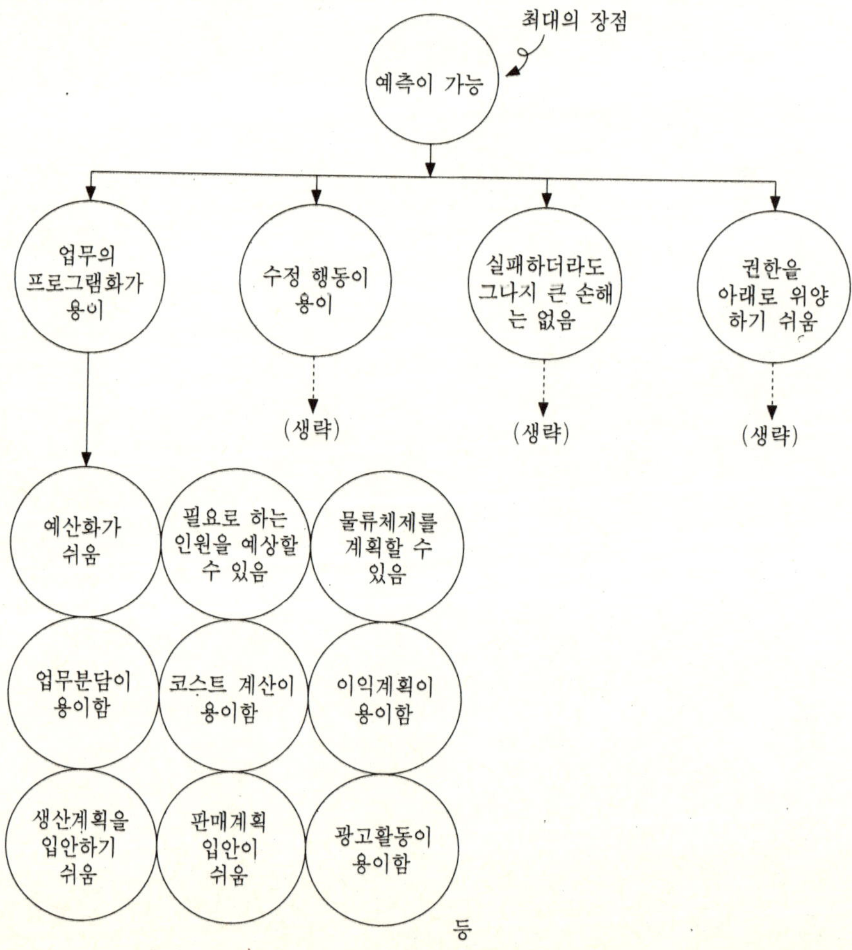

【그림 3】 주기형 타임 마케팅과 정기형 타임 마케팅의 차이

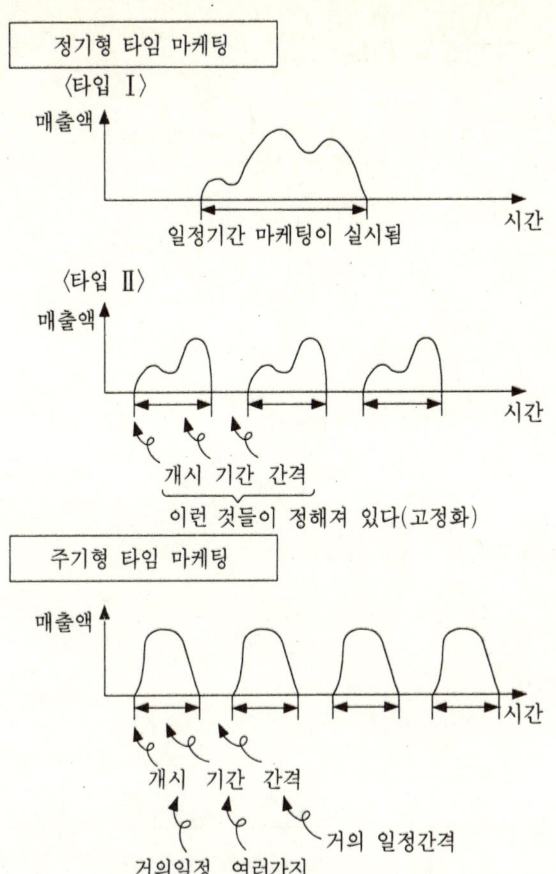

【그림 4】 비즈니스에서의 리듬

6-3 주기형 타임 마케팅 (2)

【그림 1】 일년중 한 번 밖에 없는 판매찬스의 비즈니스

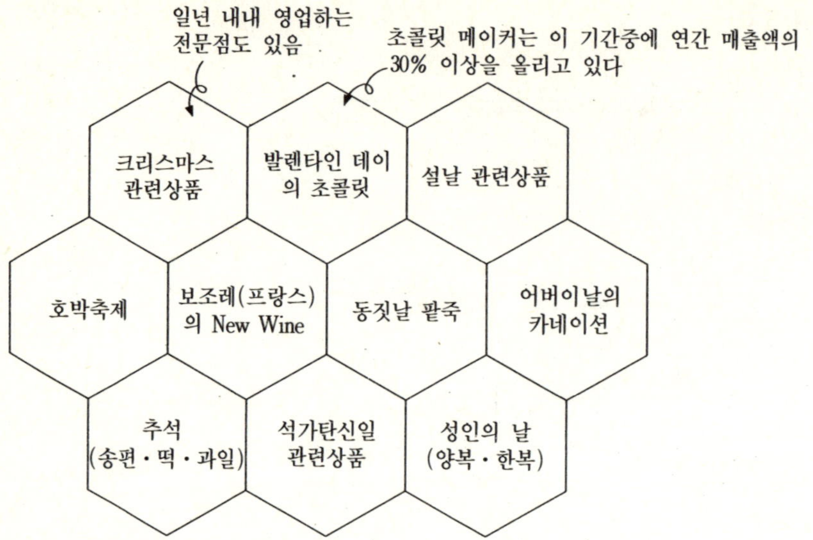

【그림 2】 주간(週間)사이클과 매출액

월	화	수	목	금	토	일
●영양 드링크 ●주간지 ●스포츠신문 ●사진현상 ●자동차 수리 ●병원 ●전화	●이발업 ▽영화관	 ▽백화점	●문화교실	●바, 선술집 ●알콜 ●호텔 ●현금자동 인출기	●주유소	●백화점 ●교외용 쇼핑센터 ●골프장 ●유원지 ●관광지 ▽점심식당 ▽바, 캬바레

●잘 팔리는 상품 또는 업계
▽잘 팔리지 않는 상품 또는 업계

【그림 3】 오오사카(大阪)의 5·10일불 시스템과 타임 마케팅

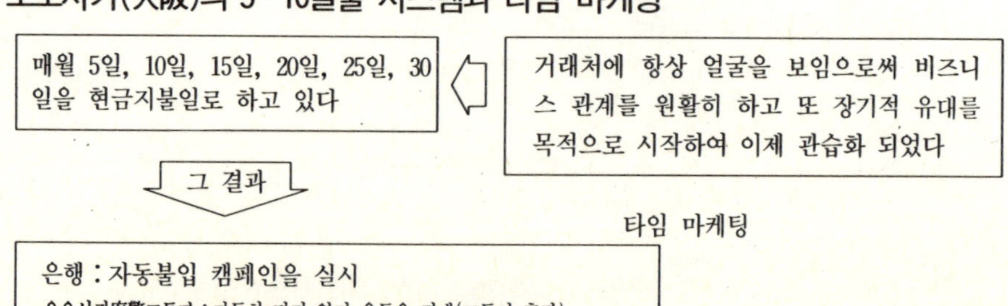

【그림 4】 내방 고객수(來訪顧客數)의 시간대별 변동과 종업원의 근무스케줄

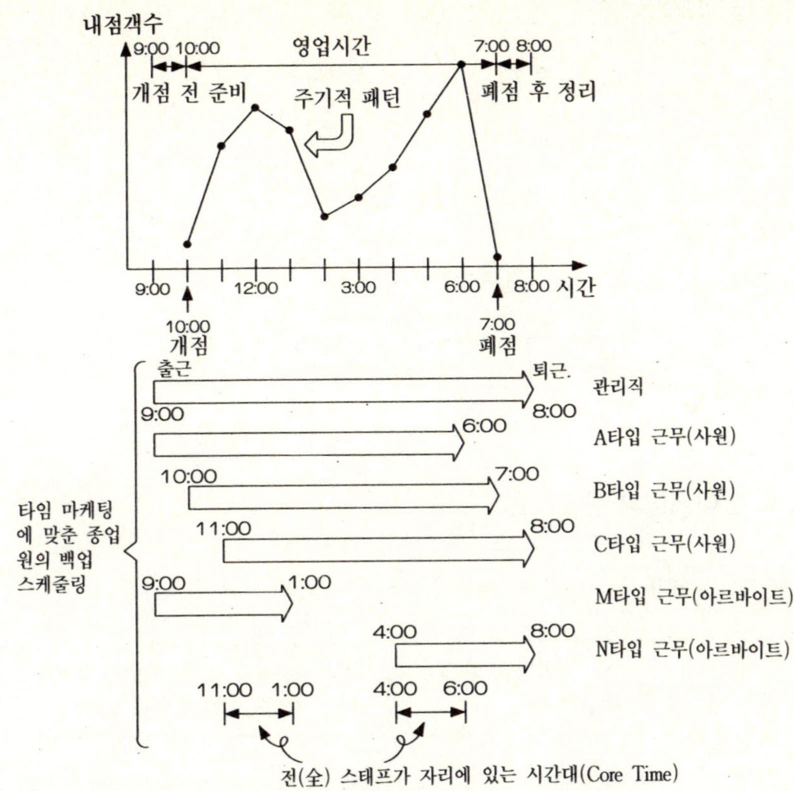

【그림 5】 '위험물 안전관리 캠페인'의 마케팅(일본 오오사까 부의 예)

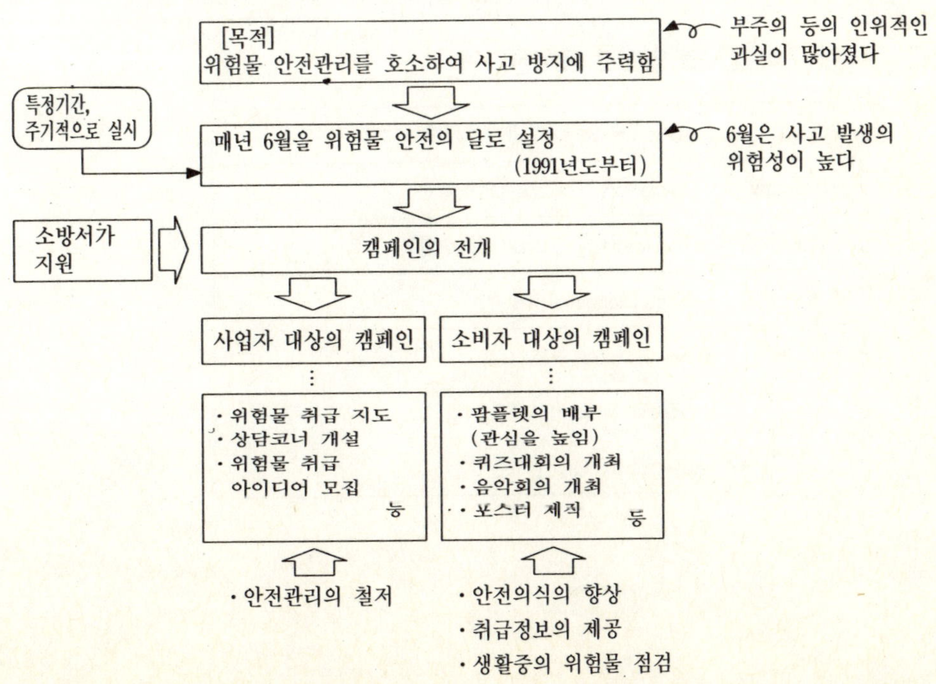

6-4 부정기형 타임 마케팅

【그림 1】 부정기형 타임 마케팅이란

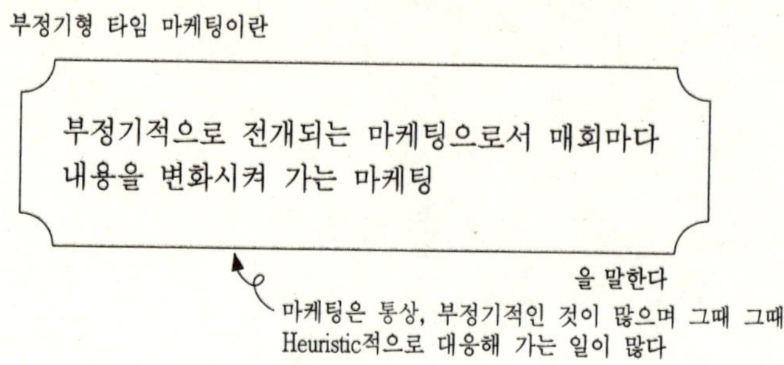

【그림 2】 부정기형 타임 마케팅의 분류

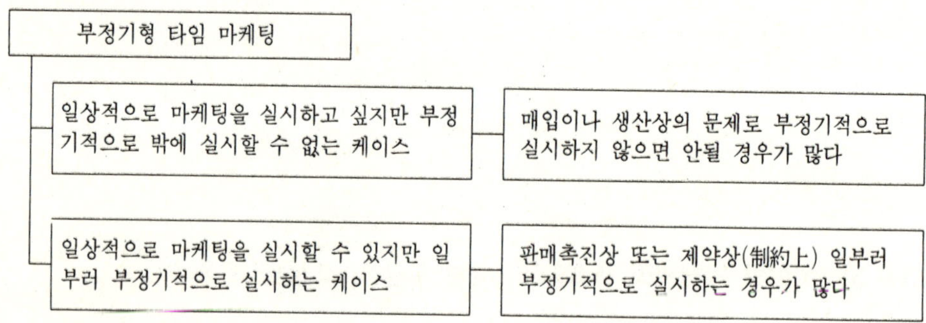

〈표 1〉 부정기·임시를 영어로 표현한다면

Irregular	Irregular Airline(부정기항공편)
Temporary	Temporary Employee(임시고용)
Extraordinary	Extraordinary Income(임시수입)
Extra	Extra Edition(임시출판)
Special	Special Price(특별가격)
	Special Train(임시열차)
	Special Holiday(임시휴업)

【그림 3】 부정기형 타임 마케팅의 어려움

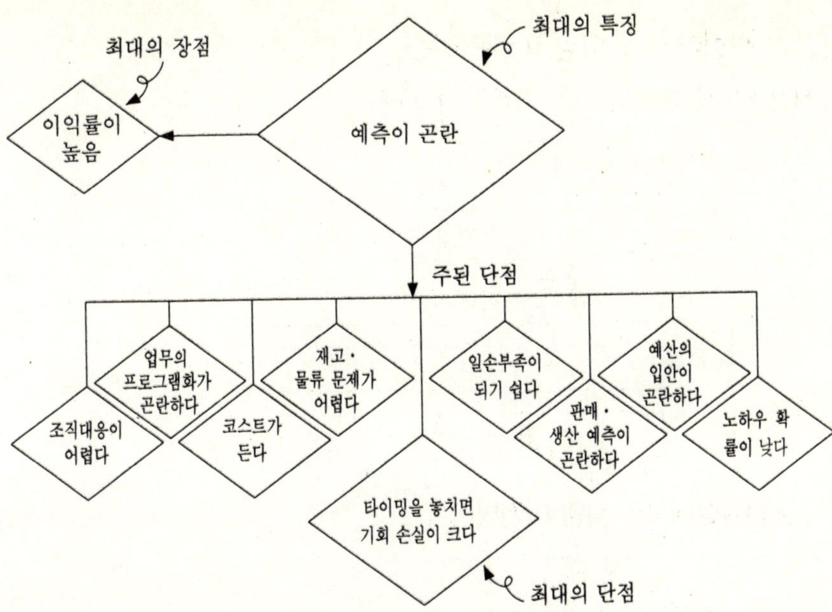

【그림 4】 매입에 있어서의 부정기형 타임 마케팅

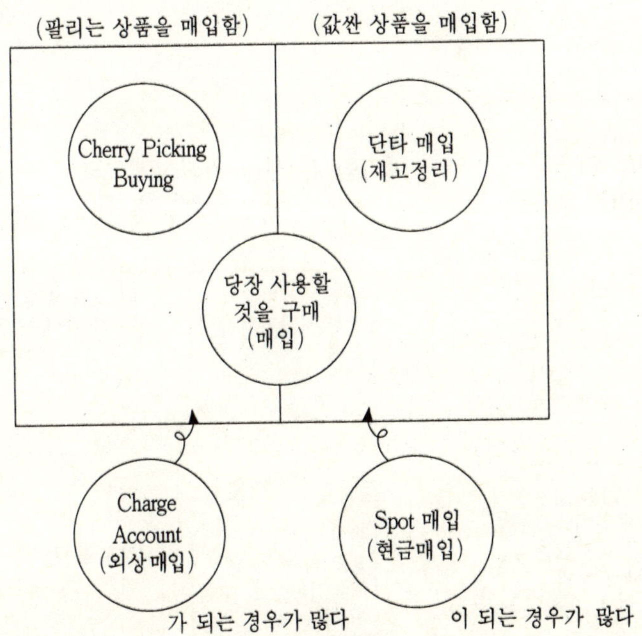

7 시간 인식상에서의 타임 마케팅

7-1 시간 인식상에서의 타임 마케팅이란

【그림 1】 시간 인식상에서의 타임 마케팅의 종류

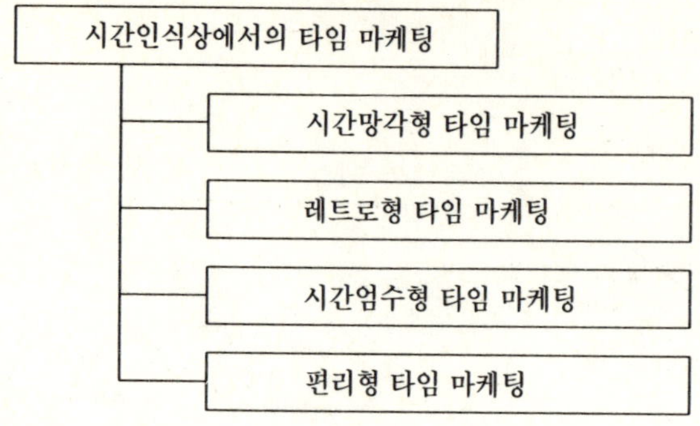

【그림 2】 시간 인식상에서의 타임 마케팅이란

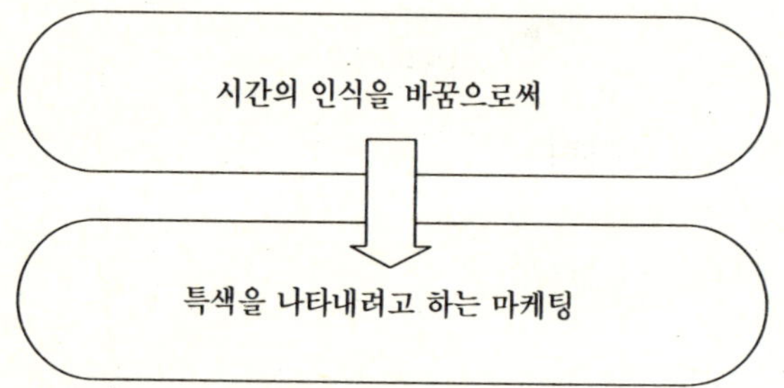

【그림 3】 시간 인식상에서의 타임 마케팅을 성공시키기 위해 필요한 것들

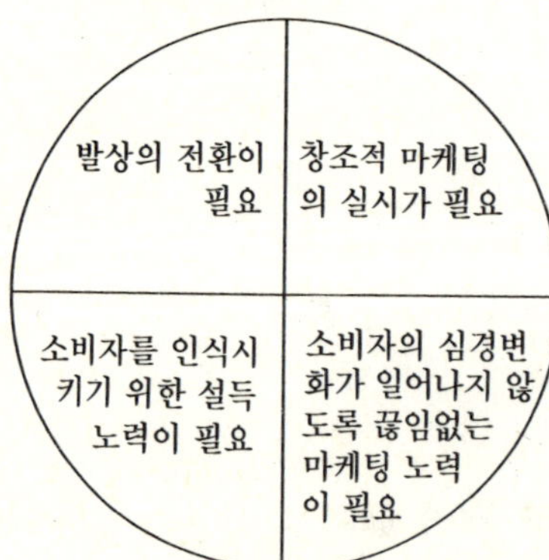

【그림 4】 시간 인식상에서의 타임 마케팅의 특징

【그림 5】 튀김집의 타임 마케팅

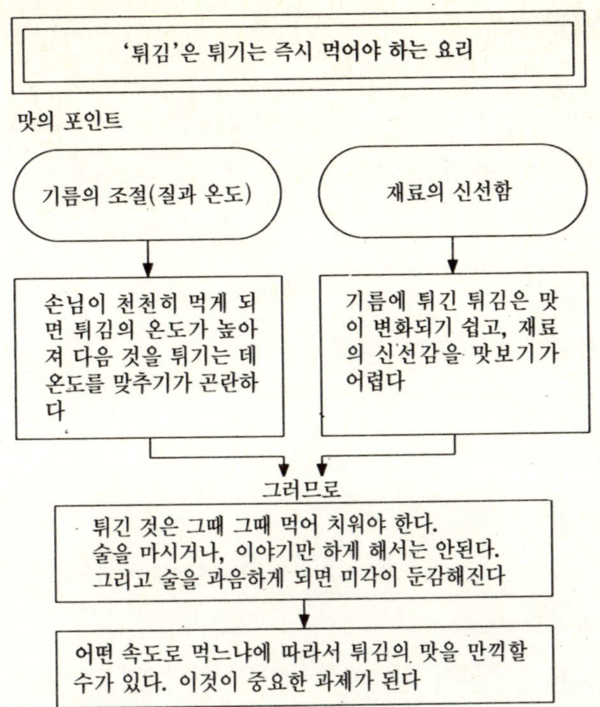

【그림 6】 인스턴트 라면의 '3분간만 기다리시면'의 소비자 심리

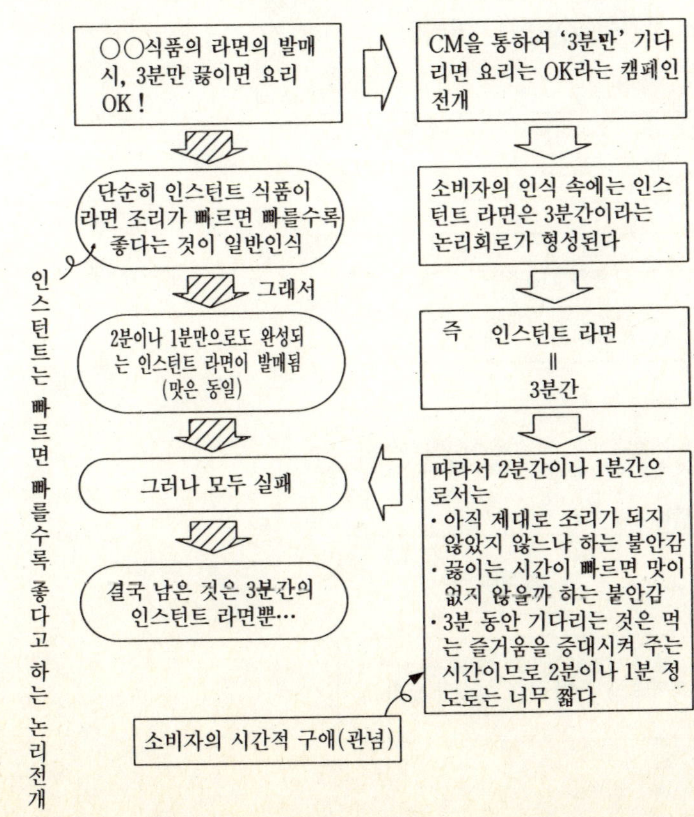

7-2 시간망각형(時間忘却型) 타임 마케팅

【그림 1】 시간망각형 타임 마케팅이란

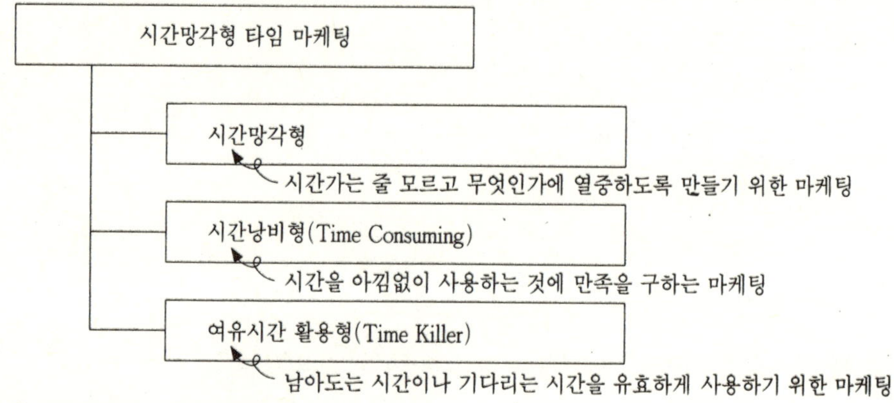

【그림 2】 시간망각형 타임 마케팅의 하위(下位) 분류

【그림 3】 레저랜드의 시간망각형 타임 마케팅

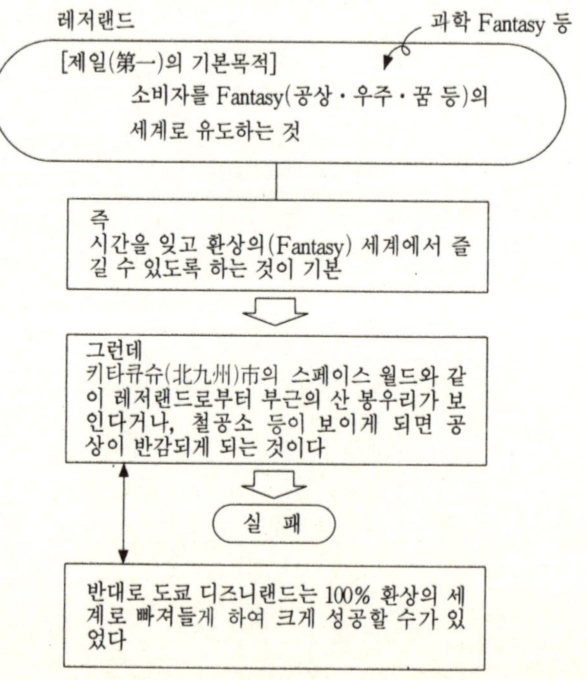

【그림 4】 목욕시간(Bath Time)의 타임 마케팅

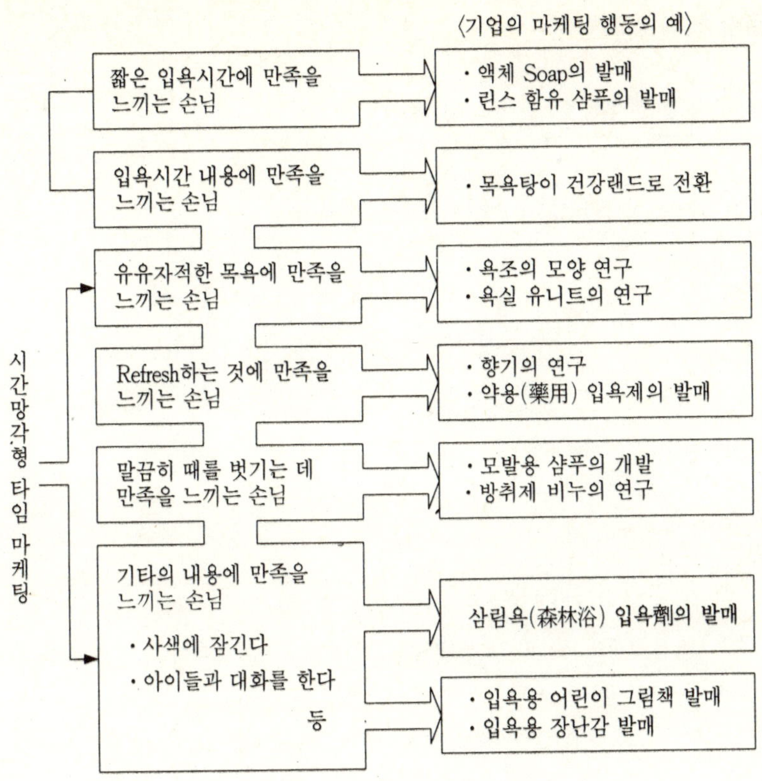

【그림 5】 목욕시간을 연출하는 입욕제(入浴劑)의 마케팅

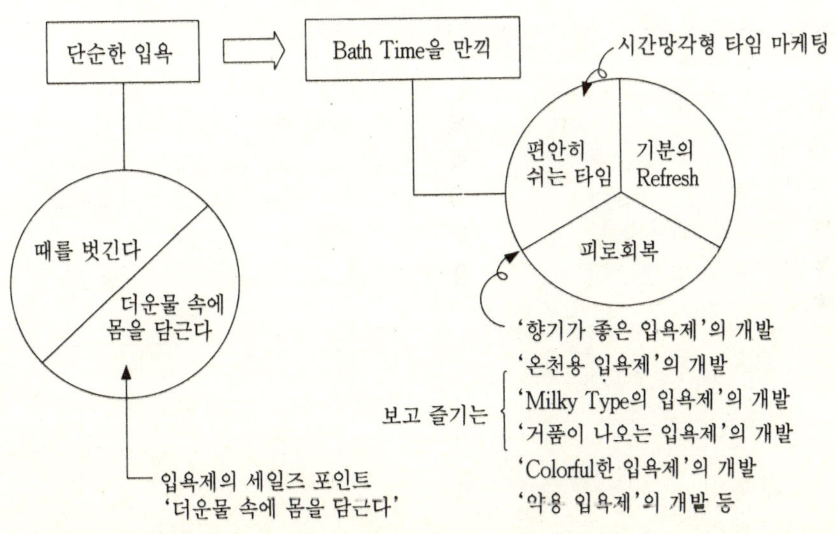

7-3 레트로(Retro)형 타임 마케팅 (1)

【그림 1】 레트로형 타임 마케팅이란

레트로형 타임 마케팅이란

> 과거를 그리워하는 것을 목적으로 한 마케팅

을 말한다

모든 것이 레트로로써 성공한다는 것이 아니라
현대에 받아들여 지는 요인 또는 현대에 새로운
해석이 내려겨서 재평가 된 것만이 레트로로써
부활되는 것이다

【그림 2】 용어의 설명

Retro	: '복귀' '거꾸로'라는 의미
Retrofit (일본식. 용어)	: 원래는 군사용어로서 구형전투기를 개조(改造)하여 다시 실전에 사용되고 있는 것 소매업계를 비유해 보면 매출이 저하된 점포를 최소한으로 개조하여 디스카운트 스토어 등으로 전환하는 것을 말한다.
Retrospection	: '회고한다' '회상한다' '과거를 되돌아본다' 등의 뜻을 지니고 있다.

〈표 1〉 레트로 마케팅의 대표적인 예(일본)

● '60년대 음악	● 나가사끼(長崎) 네델란드 민속촌
● 그룹사운드	● 구리꼬(과자회사)의 경품 장난감
● 괘종시계	● 고베 기타노마찌(神戸 北野町) 주변 고적지
● 골동품 비즈니스	● 구라시끼(倉敷) 고적지
● 명작 영화의 재상영	● 명치민속촌, 니꼬에도(日光江戸) 시대 민속촌
● 클래식 Car	

등

【그림 3】 레트로(회고)와 복고

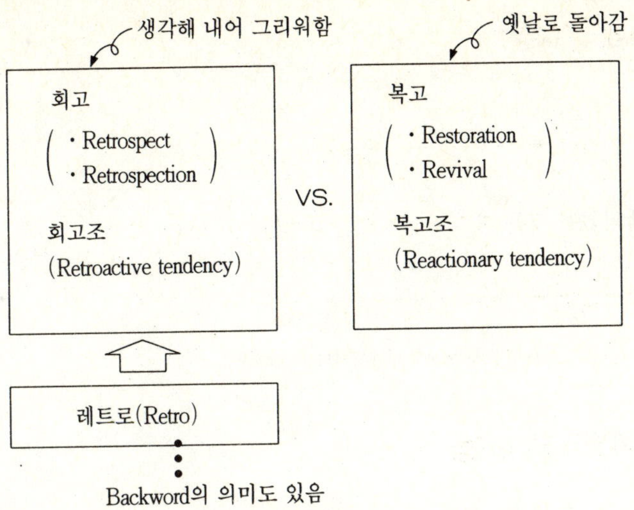

【그림 4】 레트로 감각이 발생하는 이유

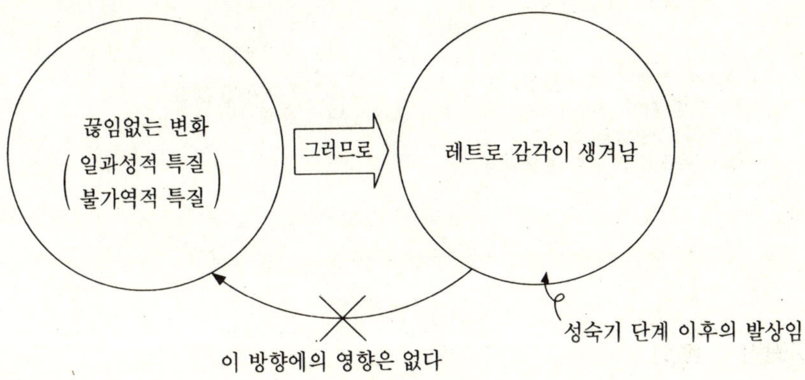

【그림 5】 비즈니스에 있어서의 '레트로'란

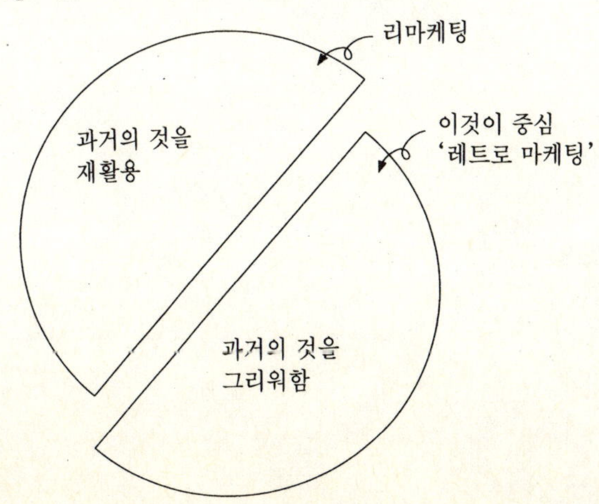

7-4 레트로형 타임 마케팅 (2)

【그림 1】 리마케팅(Remarketing)이란

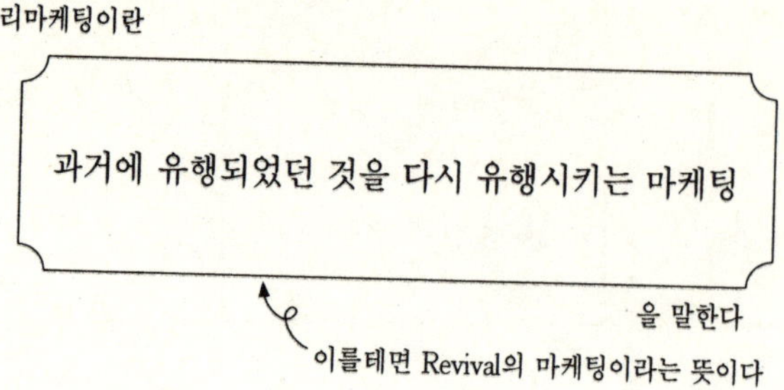

【그림 2】 레트로형 타임 마케팅과 리마케팅

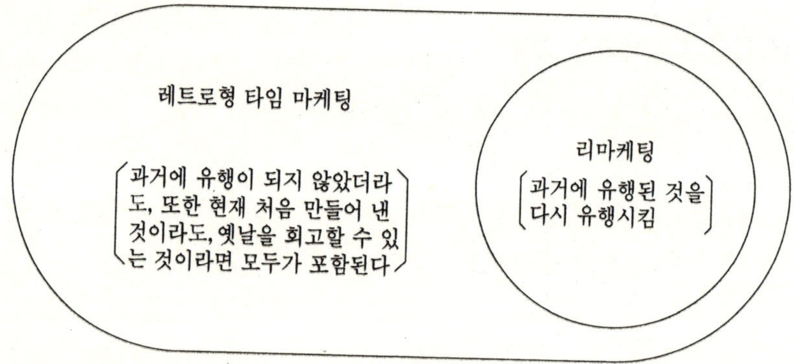

【그림 3】 리마케팅의 특징

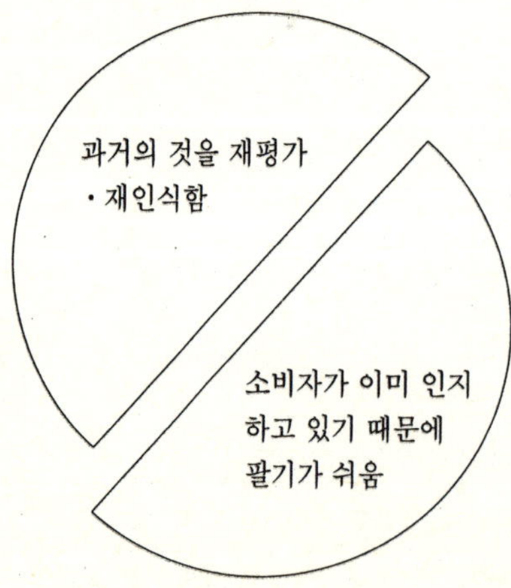

【그림 4】 리마케팅의 대표적인 예(최근 히트를 재현시킨 상품)

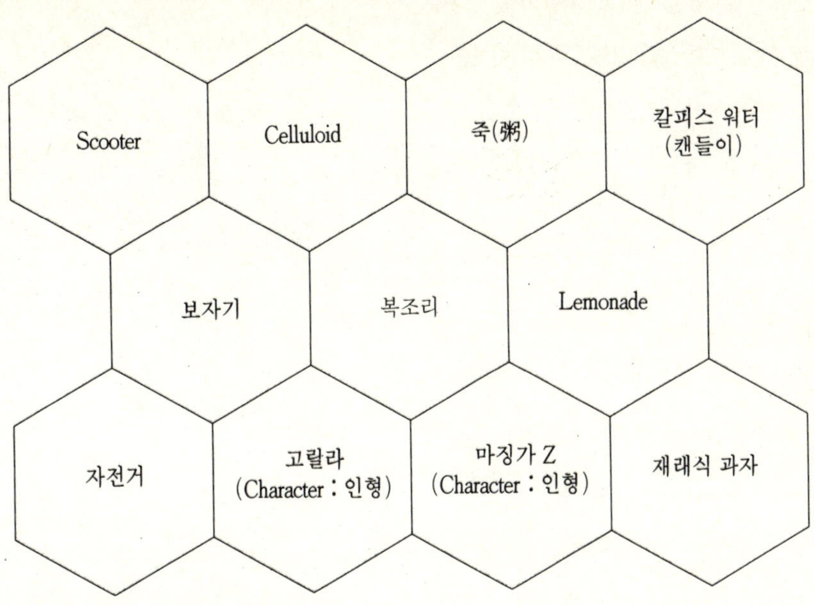

【그림 5】 인물에서의 리마케팅

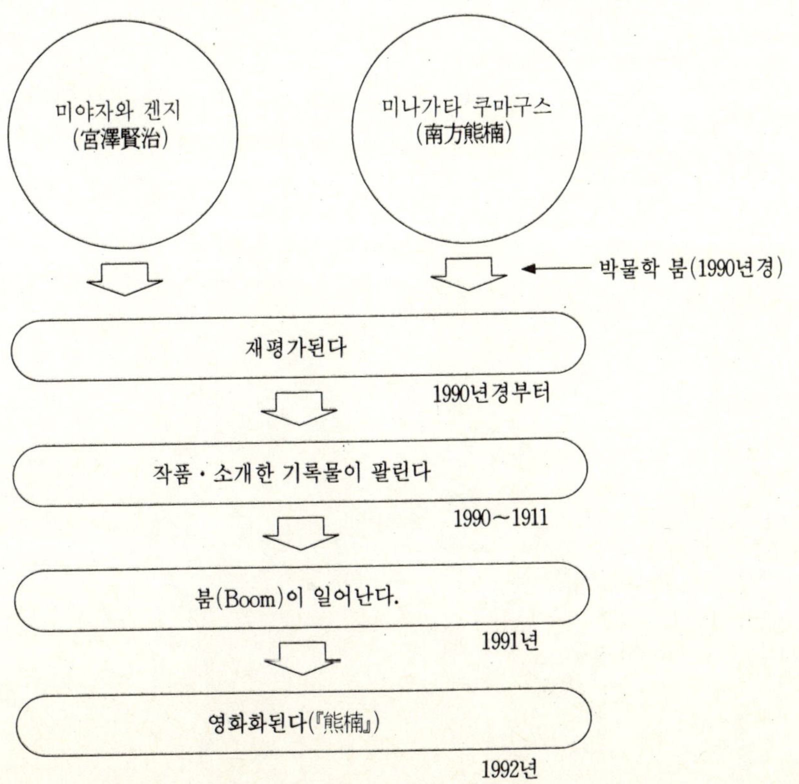

7-5 시간 엄수형 타임 마케팅

【그림 1】 시간 엄수형 타임 마케팅이란

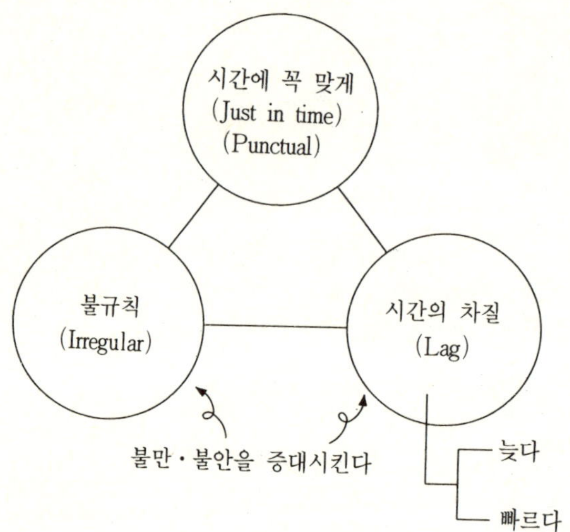

【그림 2】 시간 엄수란

【그림 3】 시간 엄수의 3가지 타입

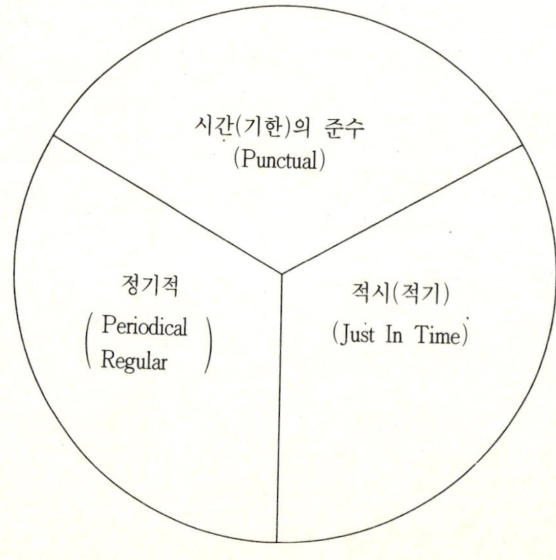

【그림 4】 시간 엄수형 타임 마케팅이란

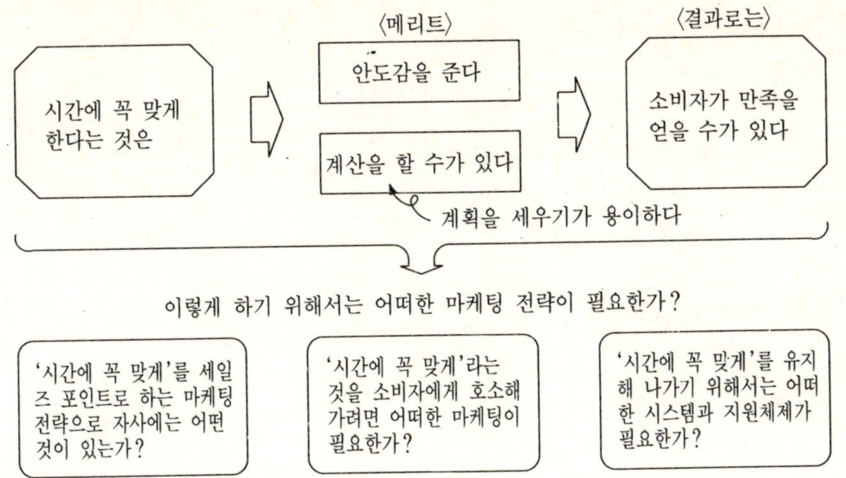

【그림 5】 Just In Time 방식이란

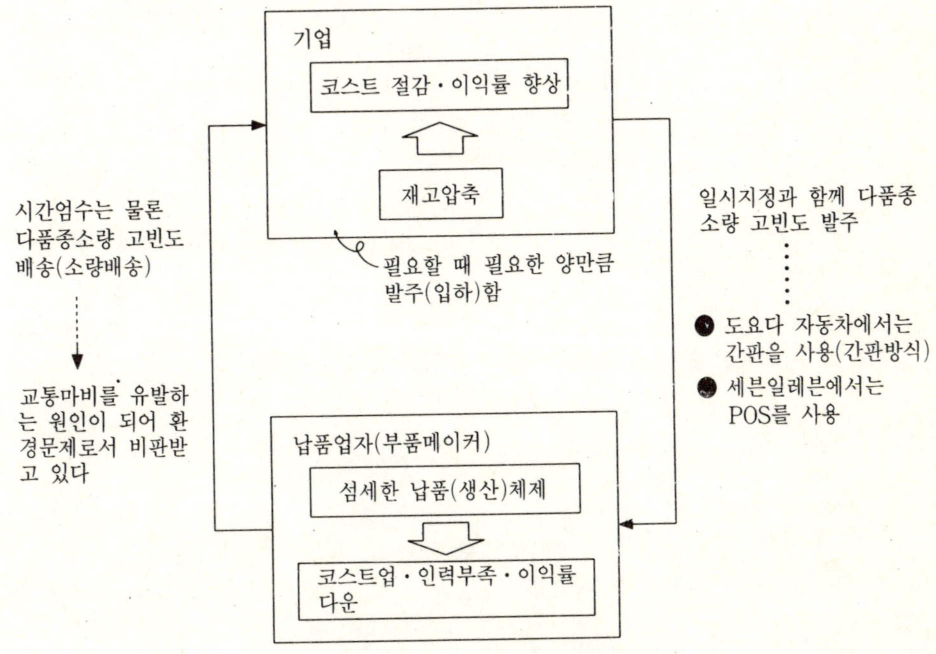

7-6 편리형(便利型) 타임 마케팅

【그림 1】 편리형 타임 마케팅이란

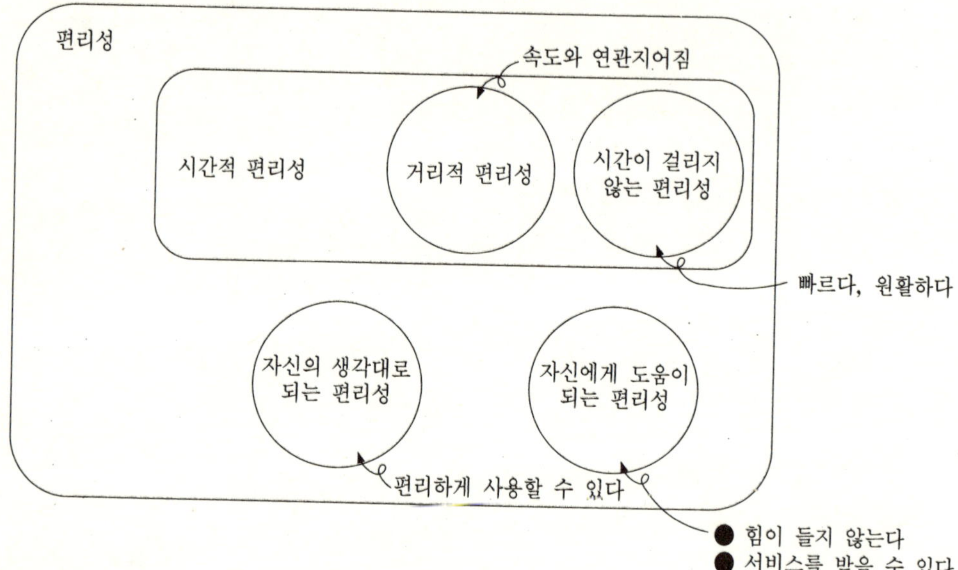

【그림 2】 편리성(Convenience)이란

【그림 3】 비즈니스로서 어려움이 있는 편리형 타임 마케팅

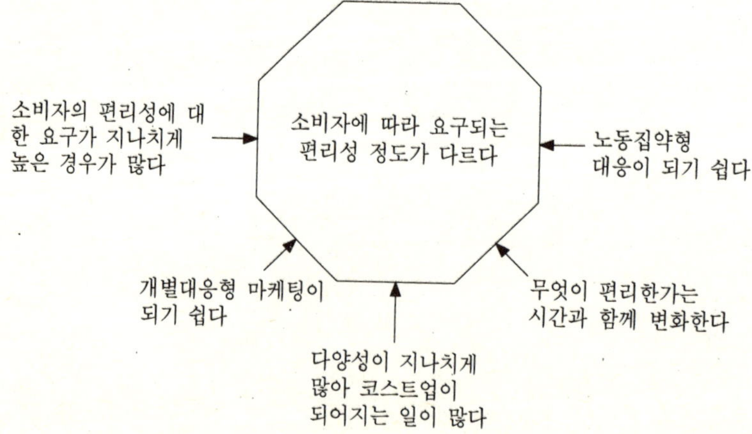

【그림 4】 컨비니언스 스토어(Convenience Store)의 '편리성'이란

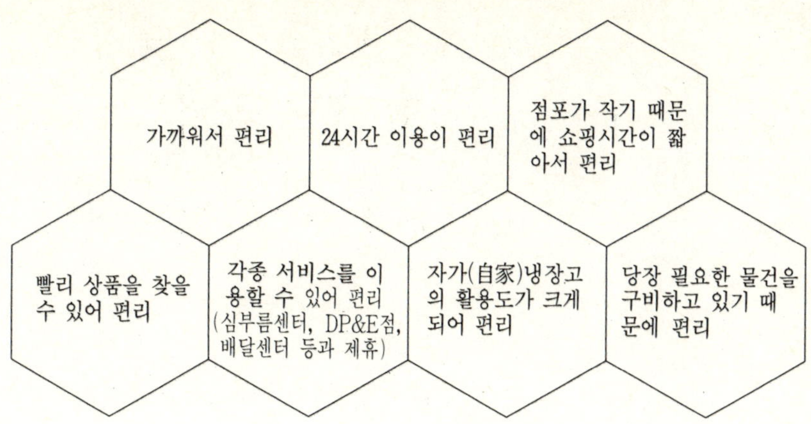

【그림 5】 배달'피자'의 '편리성'이란

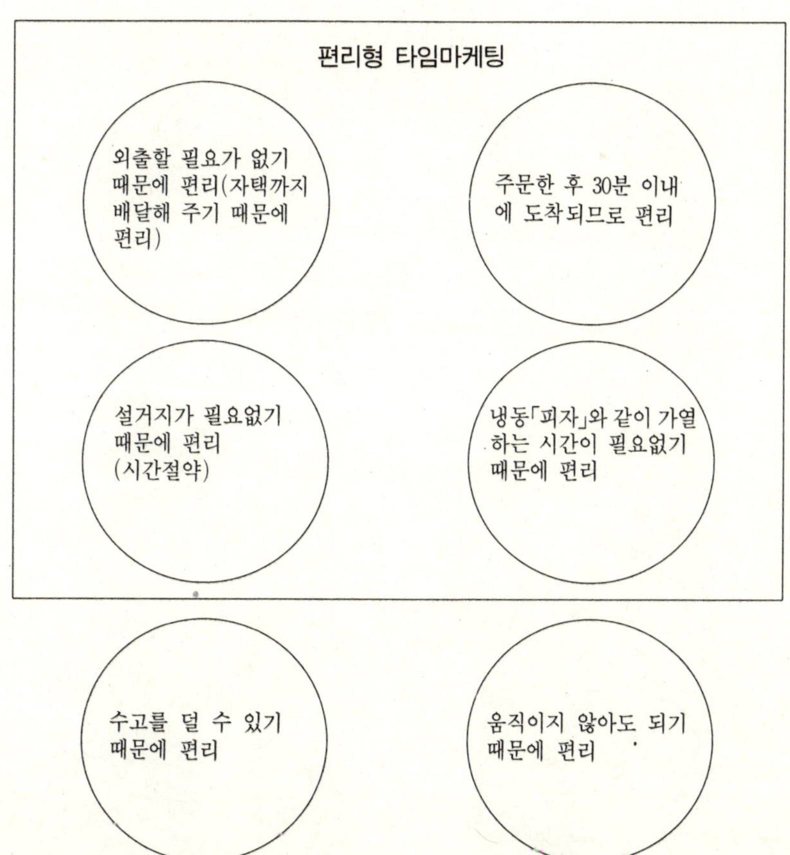

제 2 부

마케팅에 있어서의 타임 마케팅

MARKETING

제 3 장 마케팅 믹스에 있어서의 타임 마케팅

1 마케팅 믹스에 있어서의 타임 마케팅

【그림 1】 마케팅 믹스를 타임 마케팅으로 재조명해 보면 그 단면은?

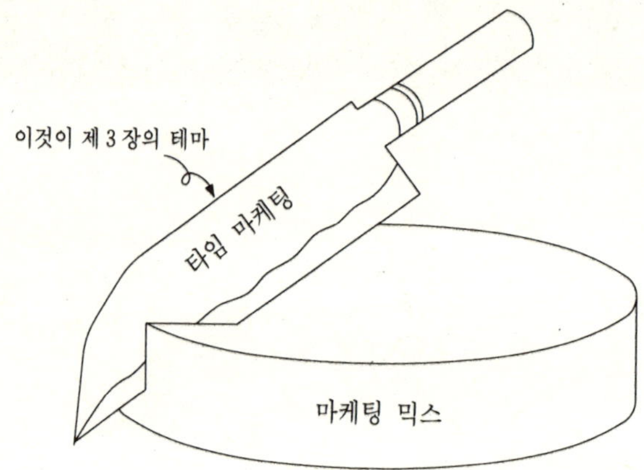

【그림 2】 마케팅 믹스의 7 가지의 기본 요소

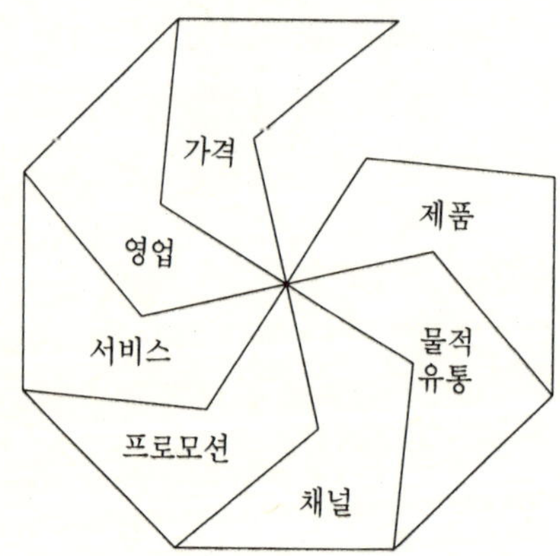

【그림 3】 상승효과를 추구하는 마케팅 믹스

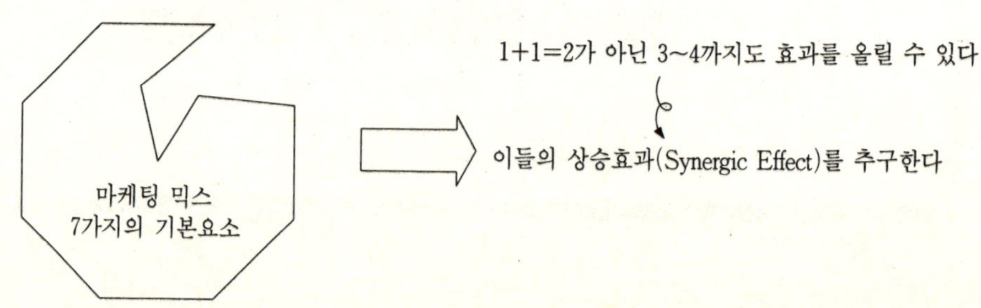

〈표 1〉 마케팅의 기본 요소에서의 타임 마케팅의 예

마케팅의 기본요소	대 표 예
가　격	· 나이제한(Age Limit)계획 ····· 가격할인계획 · 타임바겐(정기세일)
영　업	· 24시간영업　　　· 예약서비스 · 세일즈맨의 스케줄링
제　품	· PERT　　　　· 인스턴트식품 · 선물(先物), 옵션 등의 금융상품
물 적 유 통	· JIT수송　　　· 국제화물서비스 · 익일배달　　　　(문서의 국제급송편)
채　널	· 채널회원간의 VAN도입 · 채널회원간의 POS도입
프 로 모 션	· 캠페인　　　· 발렌타인데이 · Event
서 비 스	· 24시간 주문서비스 · 보증기간 서비스 · 배달 '피자'

【그림 4】 햄버거점에서의 타임 마케팅의 예

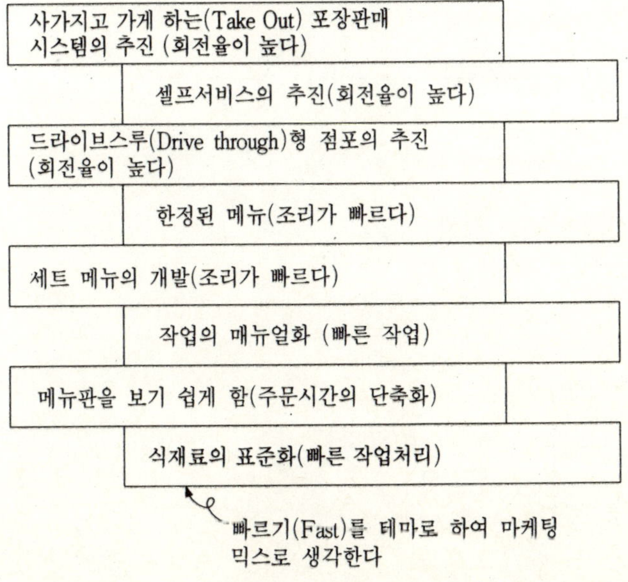

2 상품 가치에서의 타임 마케팅

【그림 1】 소비자에게 있어서의 상품 가치란

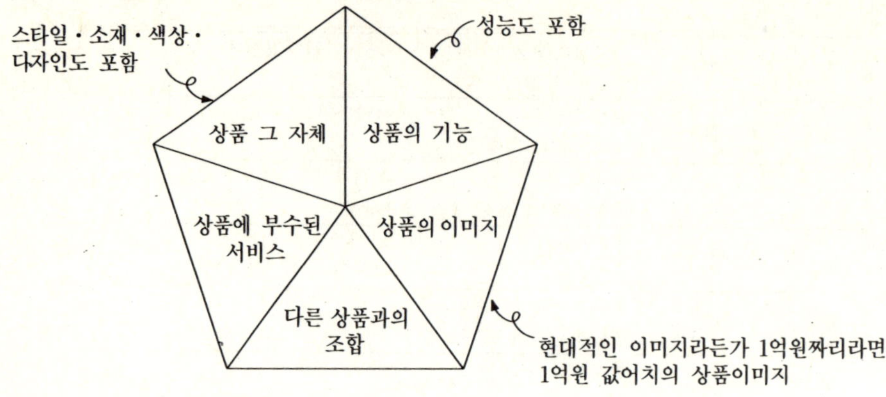

【그림 2】 상품 가치 곡선

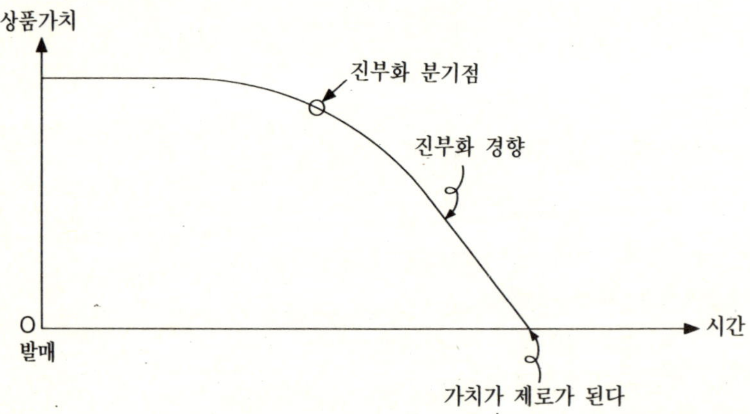

【그림 3】 상품 가치 곡선의 단축화 경향

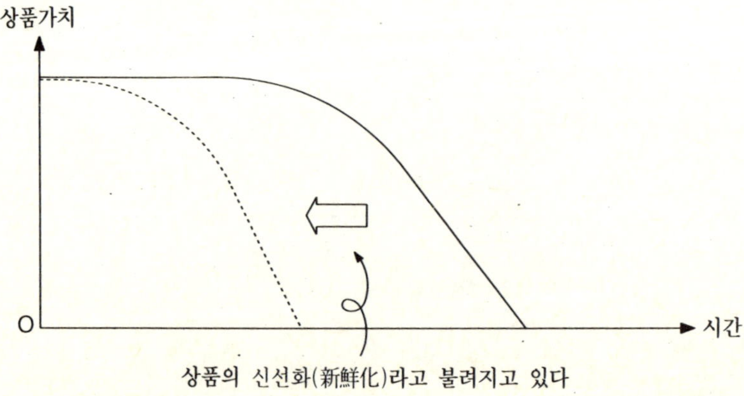

【그림 4】 상품 가치와 시간(4가지의 기본 패턴)

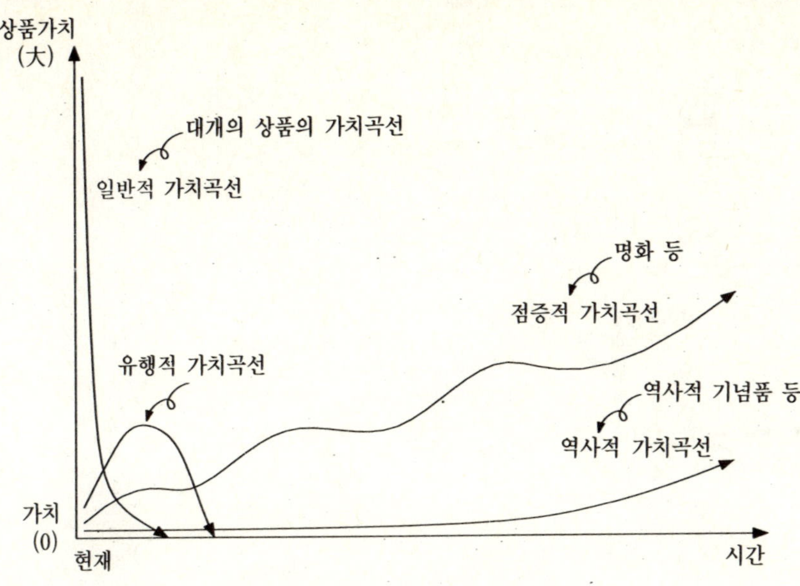

【그림 5】 상품 가치 곡선의 각종 타입

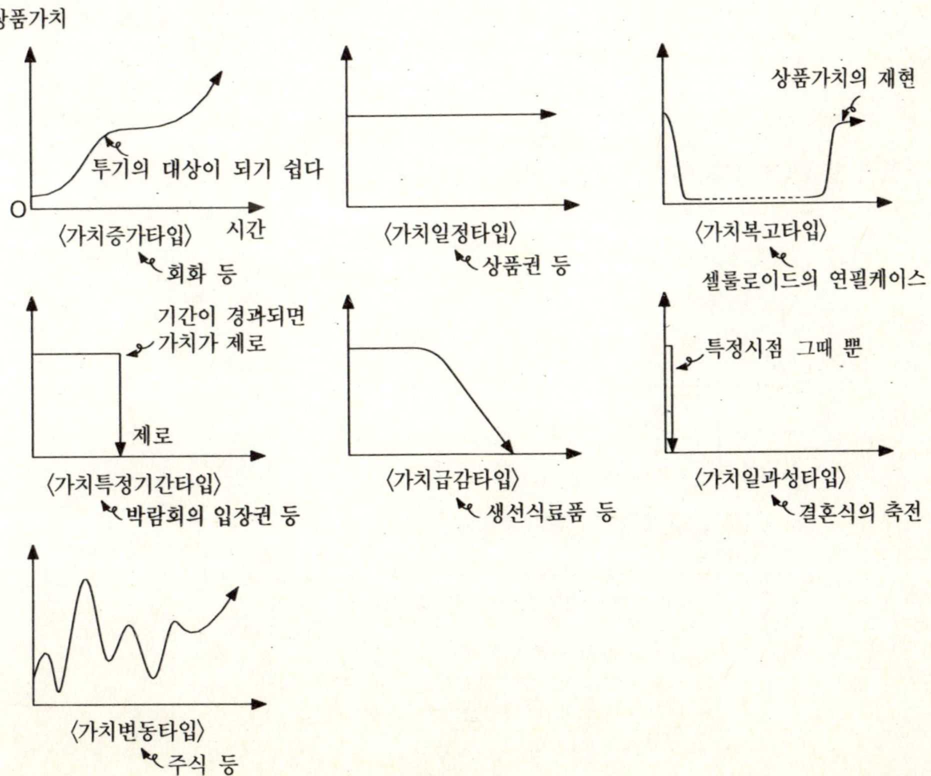

3 R&D에 있어서의 타임 마케팅

【그림 1】 R&D란

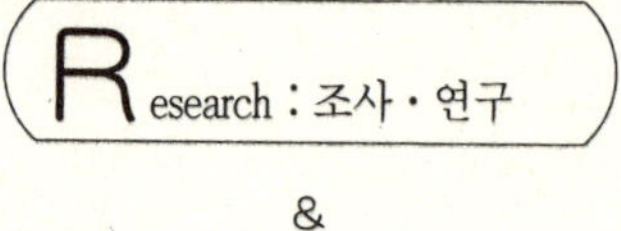

R&D : 연구개발이라고 번역된다. 현실적으로는
하드부문의 연구개발이 중심이 되고 있으며
마케팅 등의 소프트부문의 연구개발은
무시되고 있는 상태이다.

【그림 2】 R&D에 있어서의 타임 마케팅의 중요성

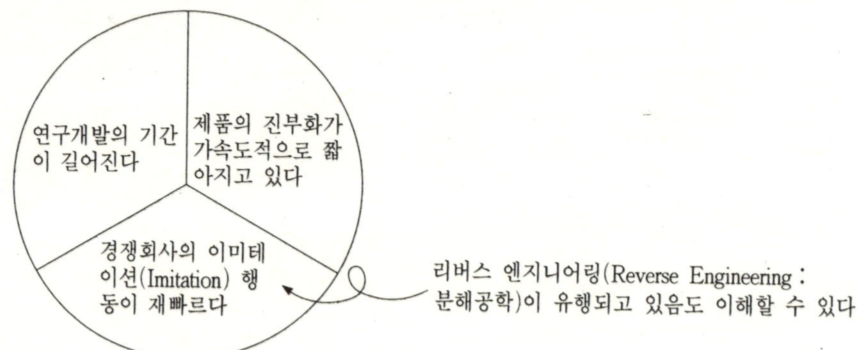

리버스 엔지니어링(Reverse Engineering :
분해공학)이 유행되고 있음도 이해할 수 있다

【그림 3】 HONDA의 F1 레이스의 타임 마케팅

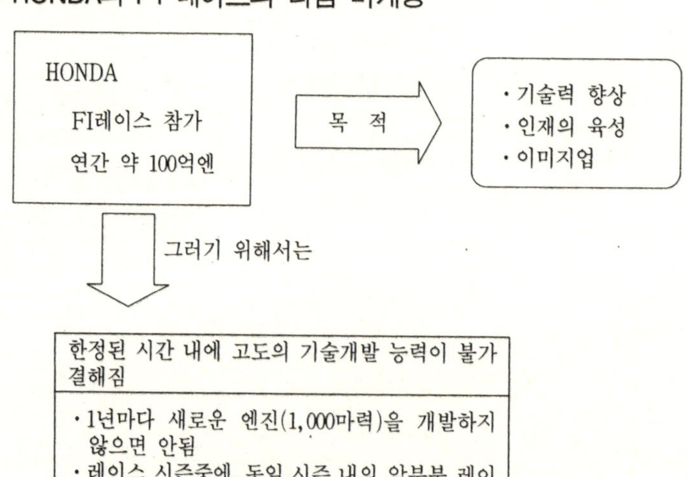

【그림 4】 HONDA에서의 신제품 개발의 타임 마케팅

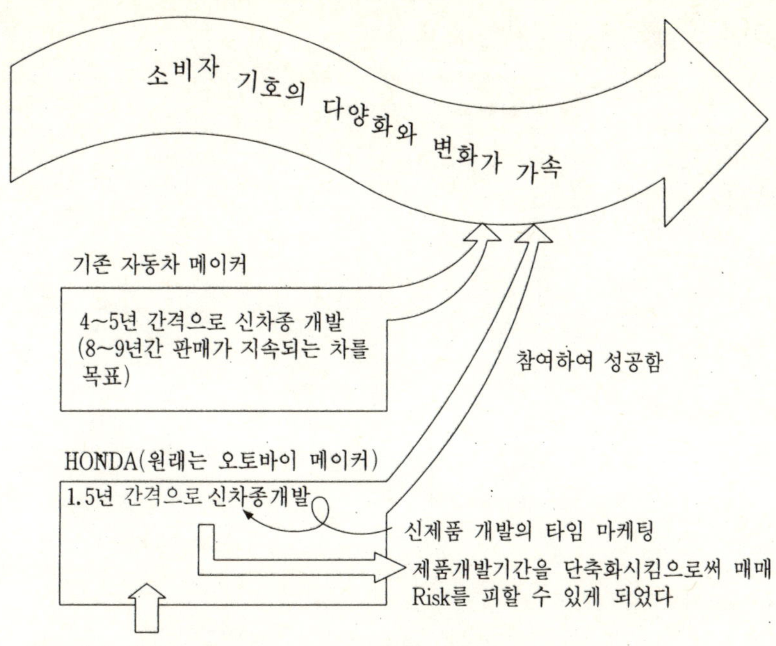

【그림 5】 일본과 미국의 자동차 업계의 **R&D** 경쟁에서의 타임 마케팅
(발매까지의 리드타임)

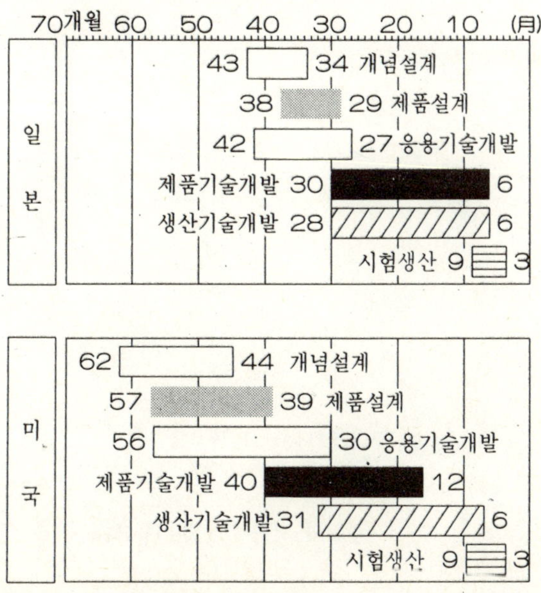

(주) 일본은 12프로젝트의 평균시간
미국은 6프로젝트의 평균시간
(출처) Kim B.Clark. Harvard Business School
in 牧野昇 『製造業은 永遠하다』 동양경제신보사,
1990년 12월, p. 138

4 신제품 도입에서의 타임 마케팅

【그림 1】 신제품 도입을 위해 필요한 프로세스

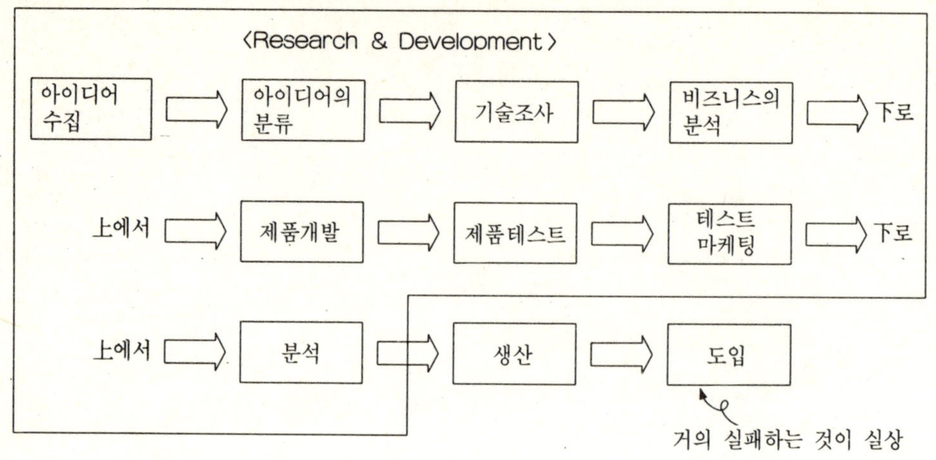

【그림 2】 Evolution과 Revolution

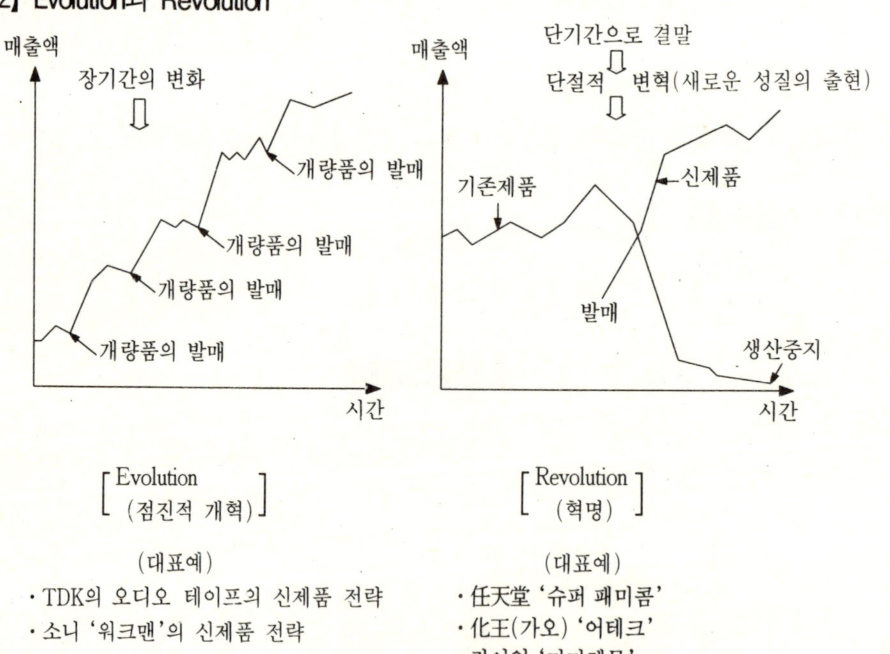

【그림 3】 benetton의 타임 마케팅

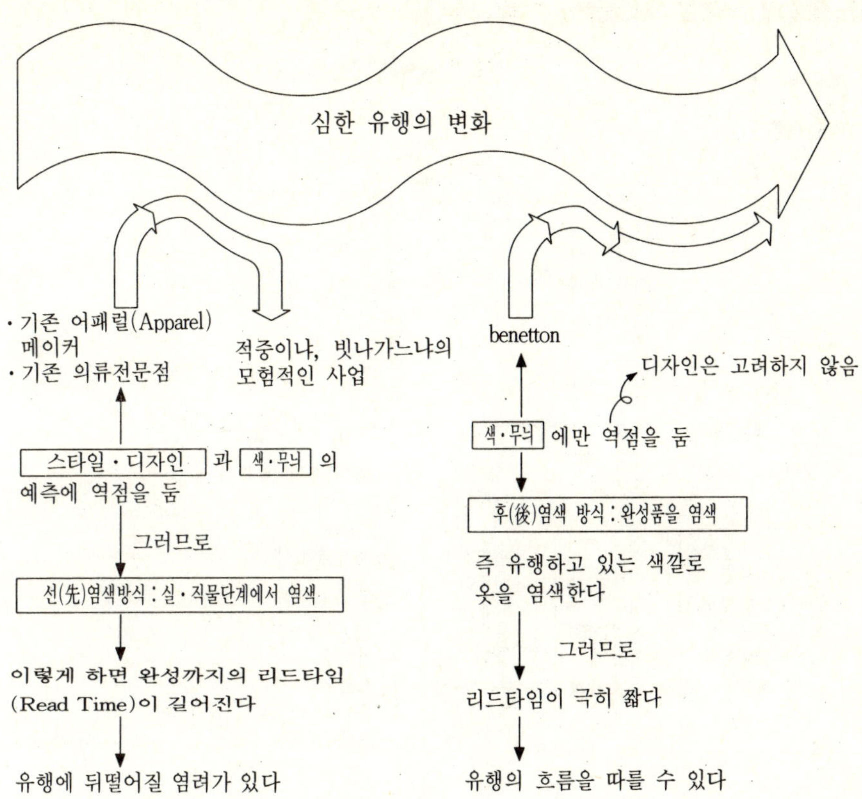

【그림 4】 세탁기에서 보는 타임 마케팅

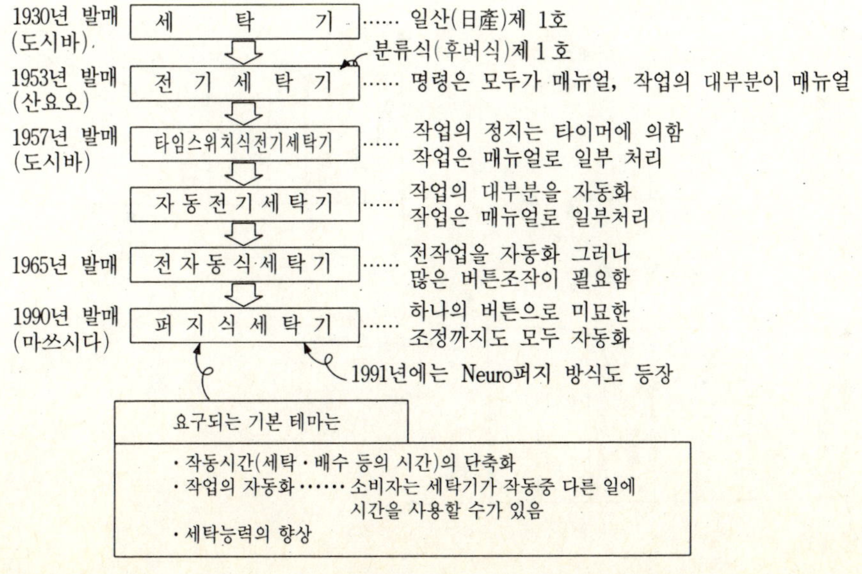

5 제품의 라이프 사이클에서의 타임 마케팅

【그림 1】 제품의 라이프 사이클의 기본형

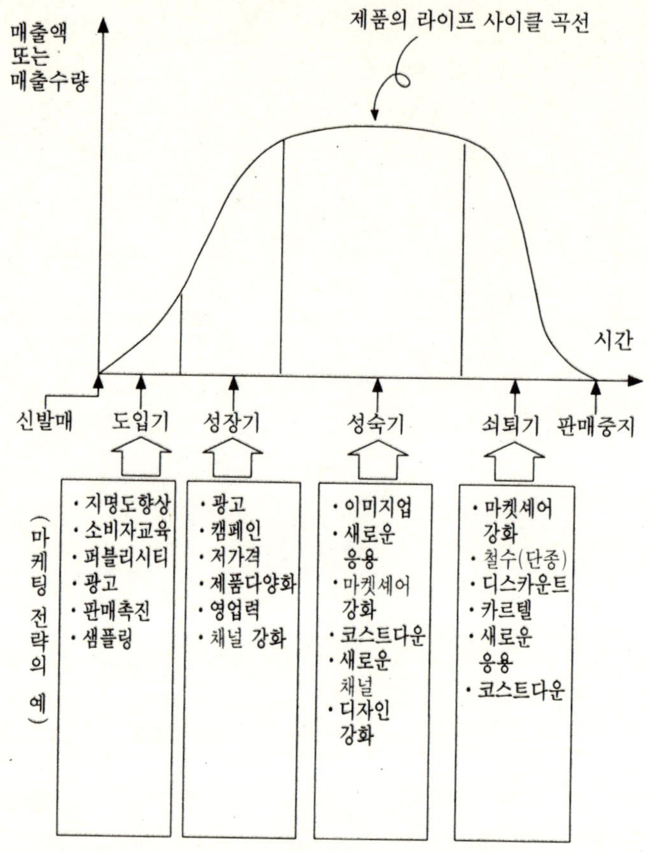

【그림 2】 제품의 라이프 사이클·패턴의 응용예

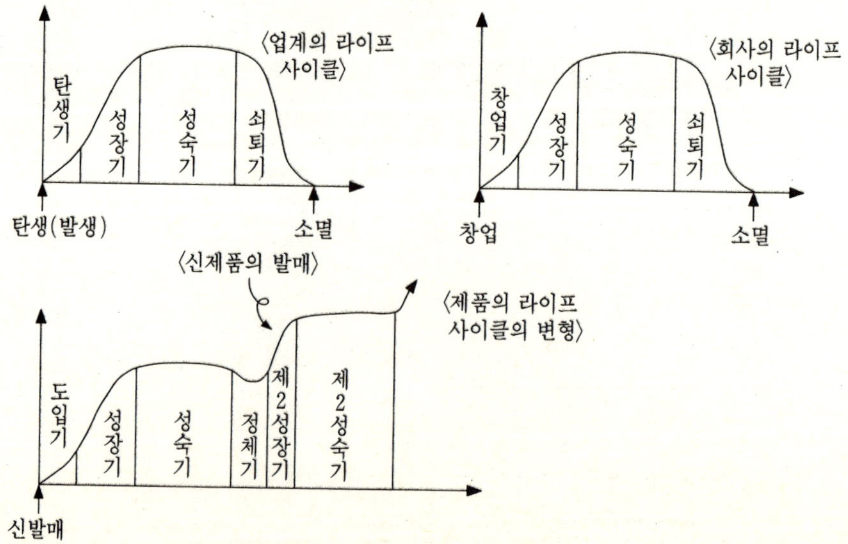

【그림 3】 제품의 라이프 사이클의 단축화 경향

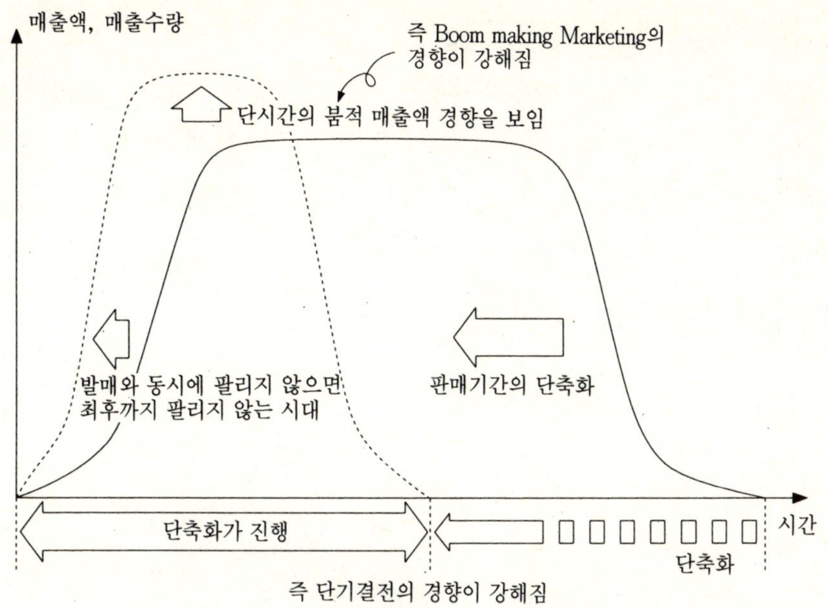

【그림 4】 제품의 라이프 사이클의 단축화 경향과 타임 마케팅

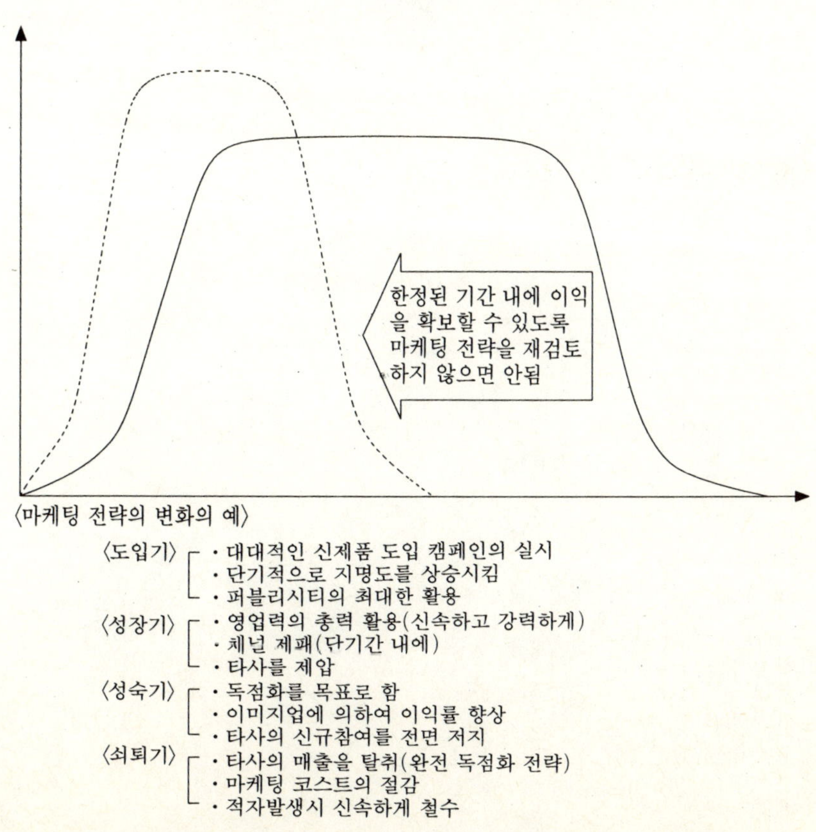

6 제품의 드롭핑(Dropping)에 있어서의 타임 마케팅

제품의 드롭핑(Product Dropping)이란 :
취급하고 있던 제품(또는 상품)을 생산 중지하거나 매입 중지하는 일. 제품의 드롭핑을 실시함으로써, 생산효율이나 판매효율을 높혀 다음의 새로운 히트상품과 교체해 나가는 것이다.

【그림 1】 제품 드롭핑의 타임 마케팅이란

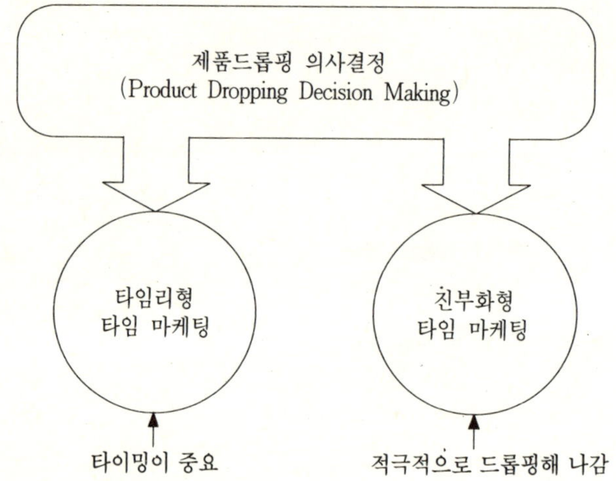

【그림 2】 제품의 드롭핑의 의사결정이 늦어지면

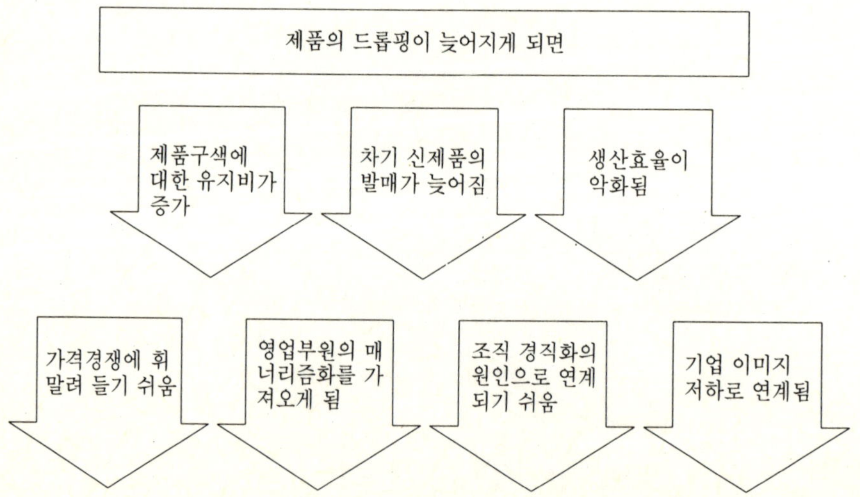

【그림 3】 제품 구색의 컨트롤 범위

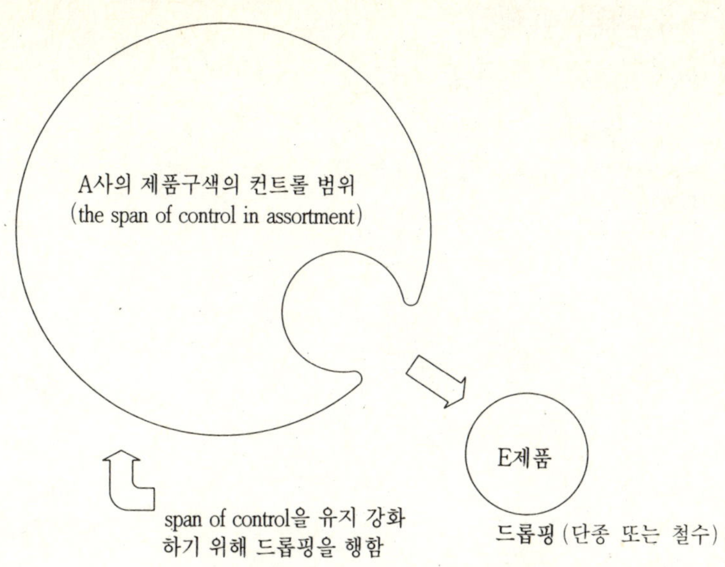

【그림 4】 소매점두에서의 진열 전쟁(Shelf War)

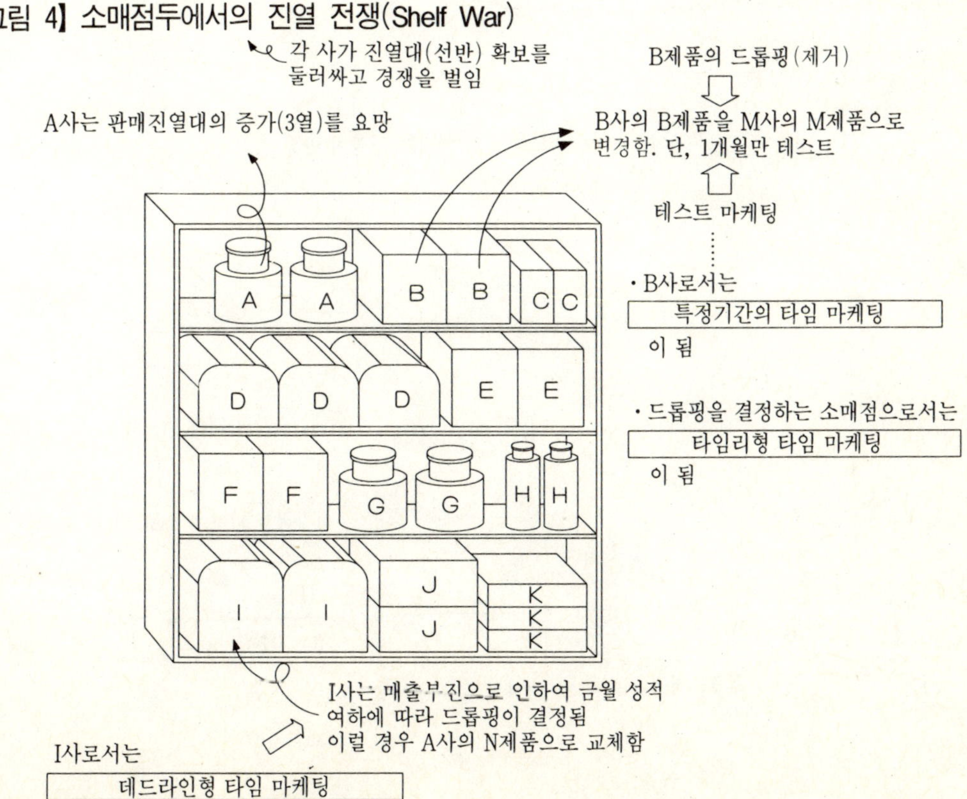

7 가격에서의 타임 마케팅

【그림 1】 가격결정에 있어서의 타임 마케팅

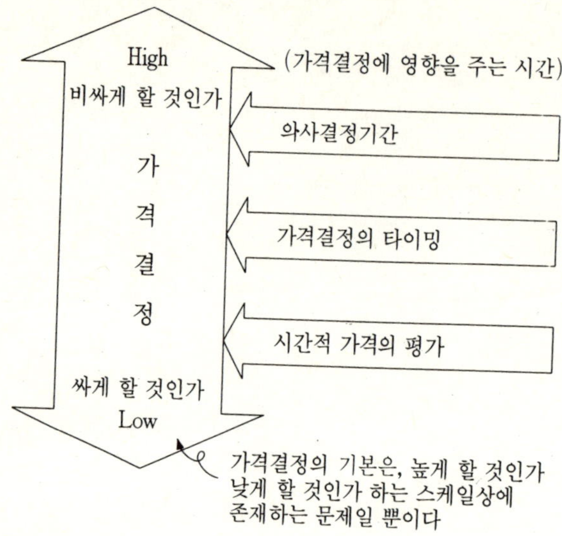

【그림 2】 계란 가격의 주기성(1983년과 1990년)

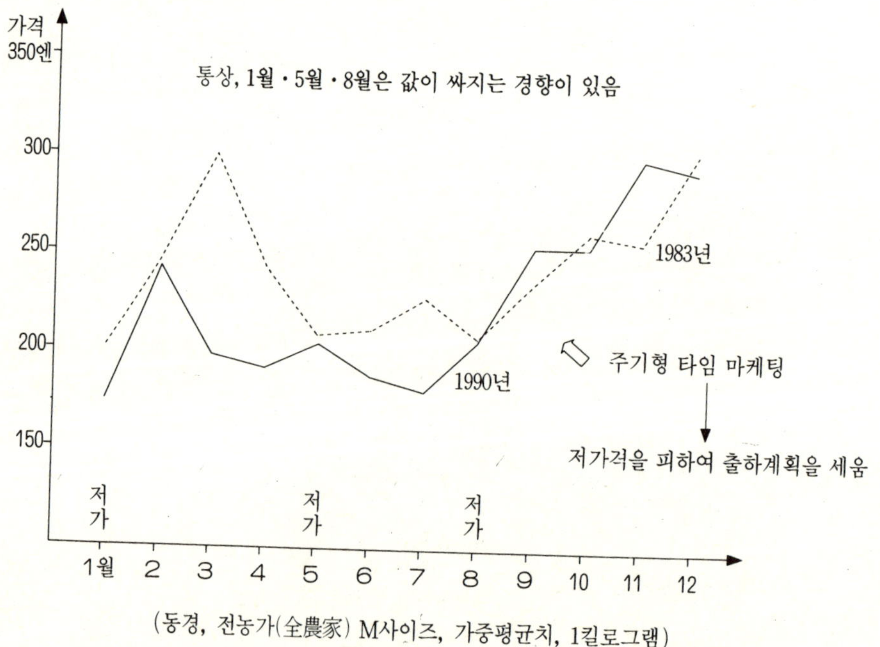

(동경, 전농가(全農家) M사이즈, 가중평균치, 1킬로그램)

【그림 3】 수요에 의한 가격결정의 타임 마케팅

비수기 가격인하 전략

- 심야전력요금
- 심야전화요금
- 토요일 · 일요일 · 명절 · 연말연시 공휴일의
  전화할인요금

등

성수기 가격인상 전략

- 여름철 주간 전력요금
- 공황 셔틀·버스(하계)
- 골든위크 · 연말연시의 해외관광요금

등

【그림 4】 주식 공개가격의 타임 마케팅

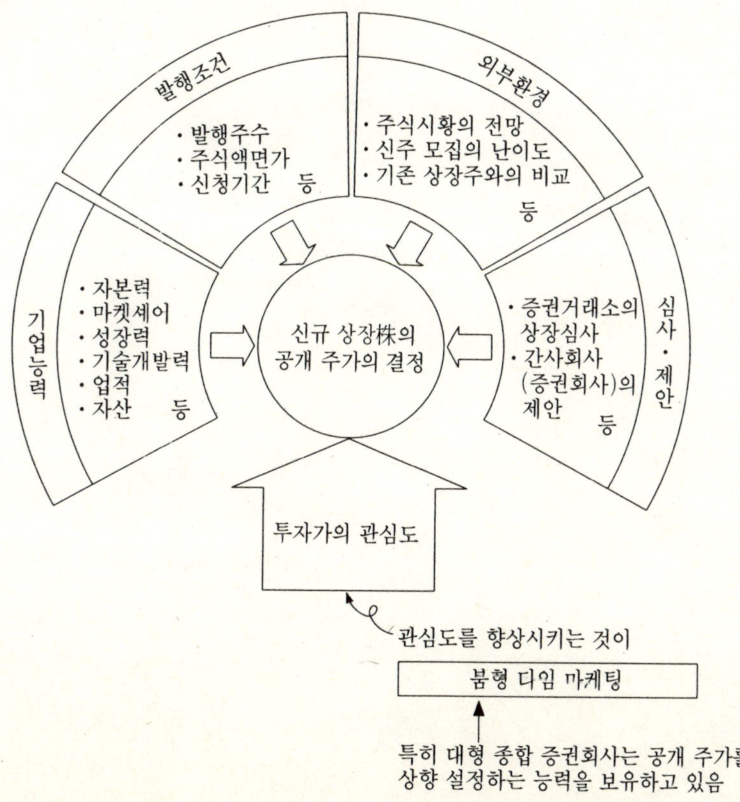

8 디스카운트에 의한 타임 마케팅

【그림 1】 디스카운트에 의한 타임 마케팅의 4가지 패턴

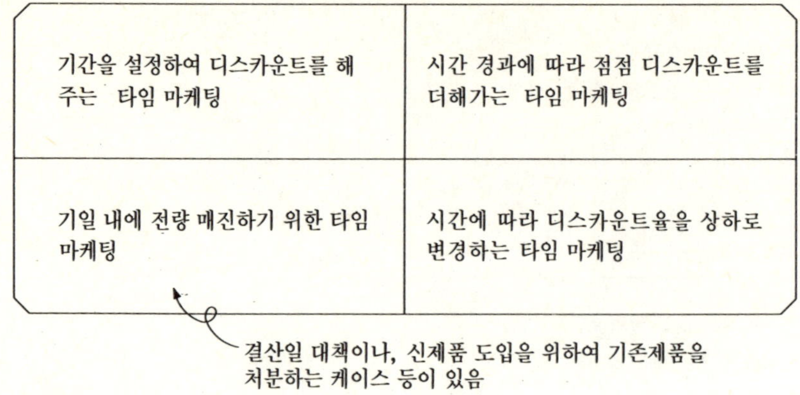

【그림 2】 소매점과 메이커에서의 디스카운트의 차이

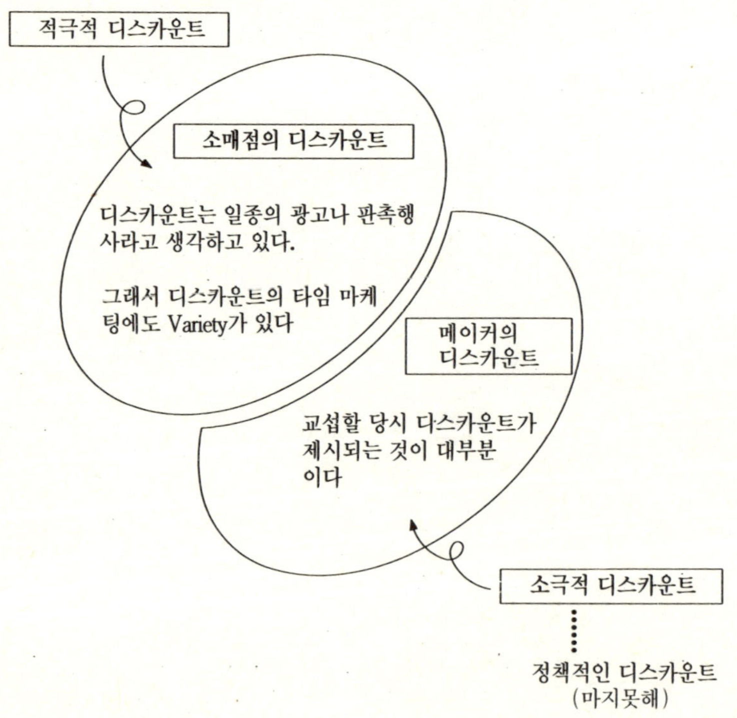

【그림 3】 소매점에서의 정기 디스카운트와 부정기 디스카운트

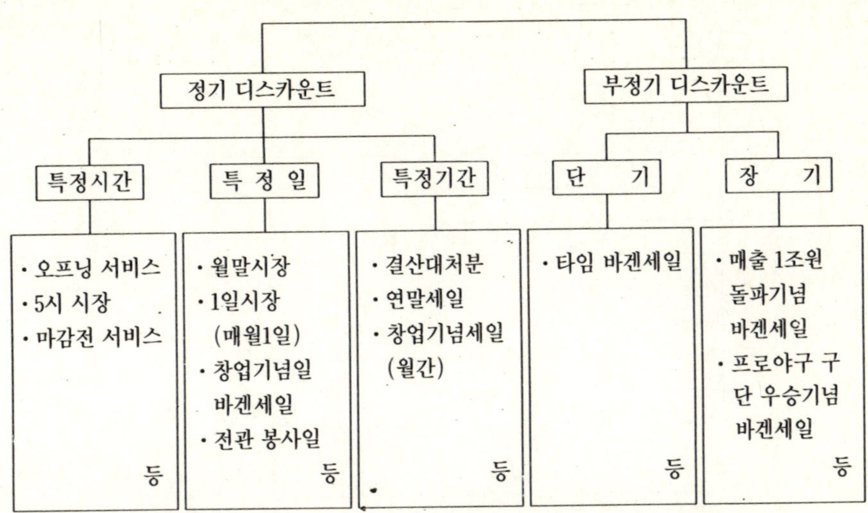

【그림 4】 소매점에서의 특정기간 디스카운트와 항시적 디스카운트와의 차이

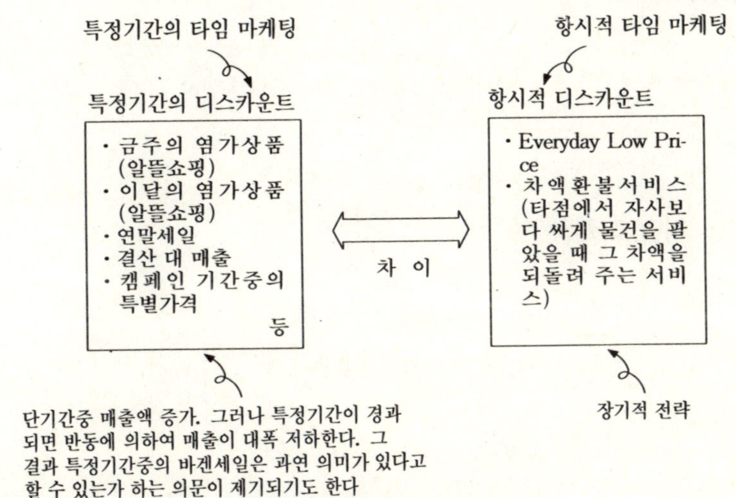

【그림 5】 소매점에서의 악순환 가격인하 사이클

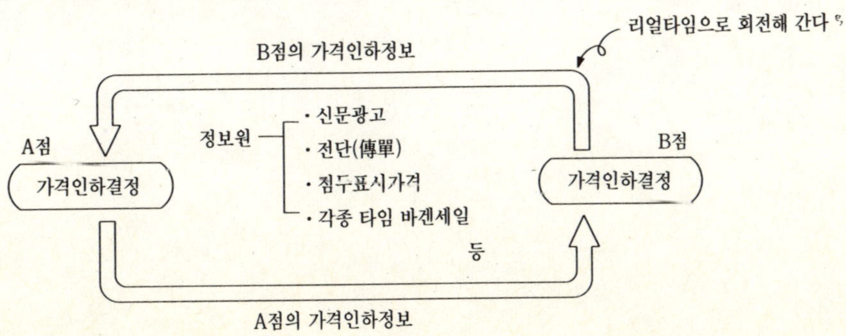

9 채널(유통)에 의한 타임 마케팅

【그림 1】 채널을 타고 흐르고 있는 것은 무엇인가 ?

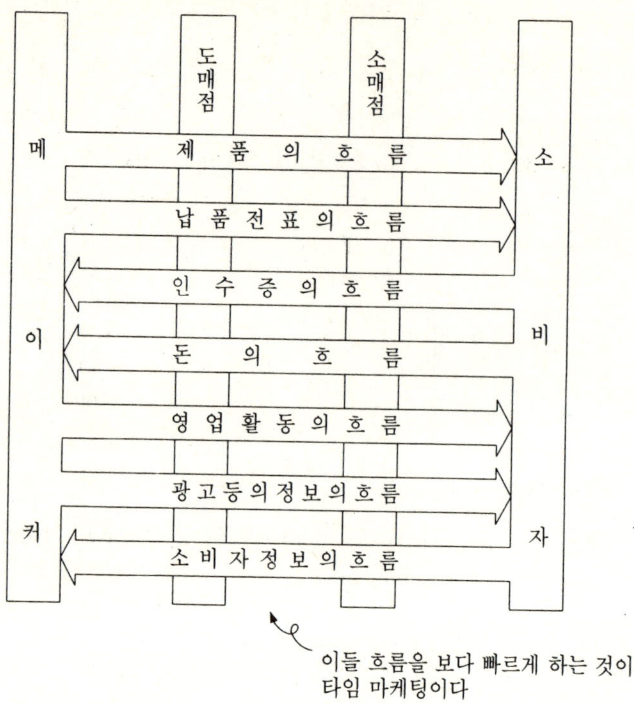

이들 흐름을 보다 빠르게 하는 것이
타임 마케팅이다

【그림 2】 채널에 의한 타임 마케팅

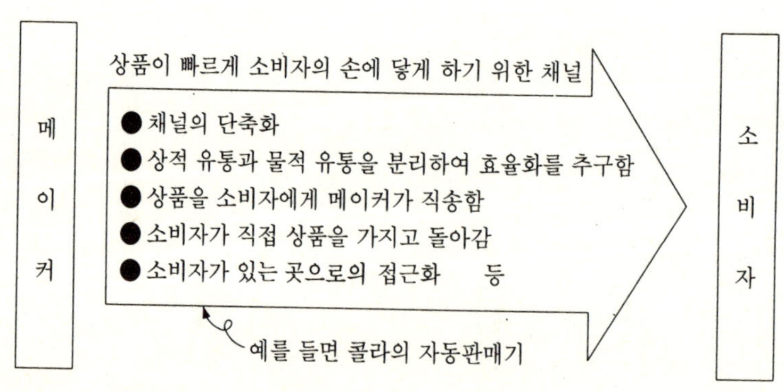

예를 들면 콜라의 자동판매기

【그림 3】 채널·물류문제에 이용되는 타임 마케팅의 주된 것

특정시점의 타임 마케팅	·즉시형 타임 마케팅 ·타임리형 타임 마케팅 ·시간차형 타임 마케팅 ·시간특정형 타임 마케팅 ·예약형 타임 마케팅
특정기간의 타임 마케팅	·정기형 타임 마케팅
시간경과상에서의 타임 마케팅	·스피드형 타임 마케팅 ·시간절약형 타임 마케팅 ·항시형 타임 마케팅
주기성의 타임 마케팅	·부정기형 타임 마케팅

【그림 4】 채널에 의한 타임 마케팅이 중시된 것은 소매점이
채널캡틴이 되었기 때문이다

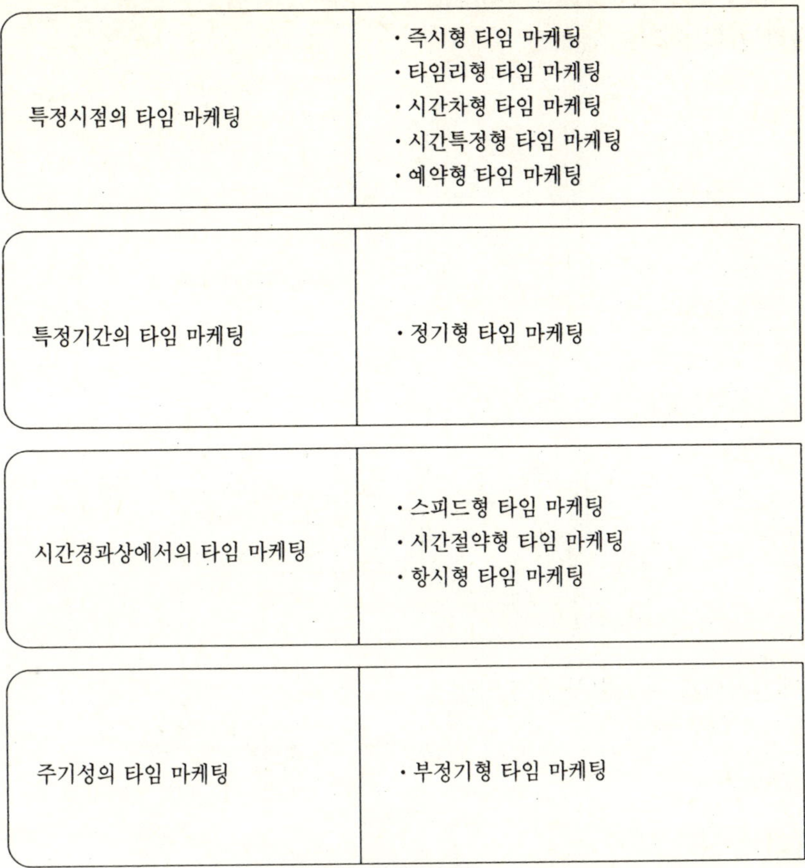

10 물적 유통에서의 타임 마케팅

【그림 1】 물적 유통의 기본 테마는

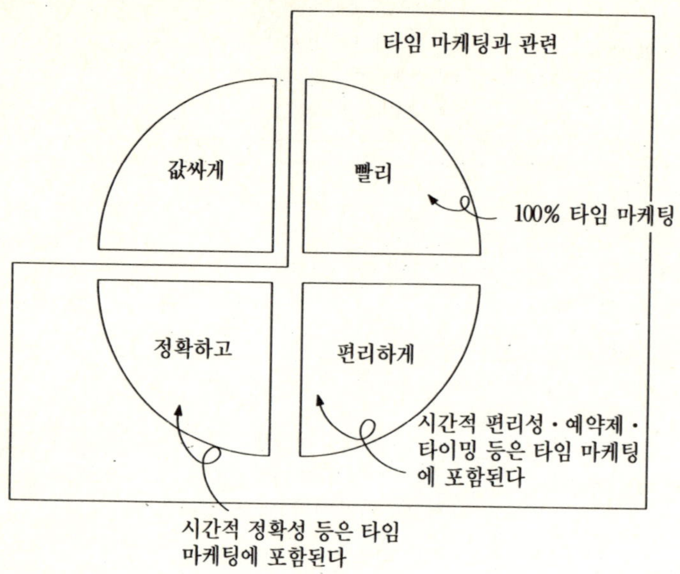

【그림 2】 소매점에서의 재고량과 리드타임

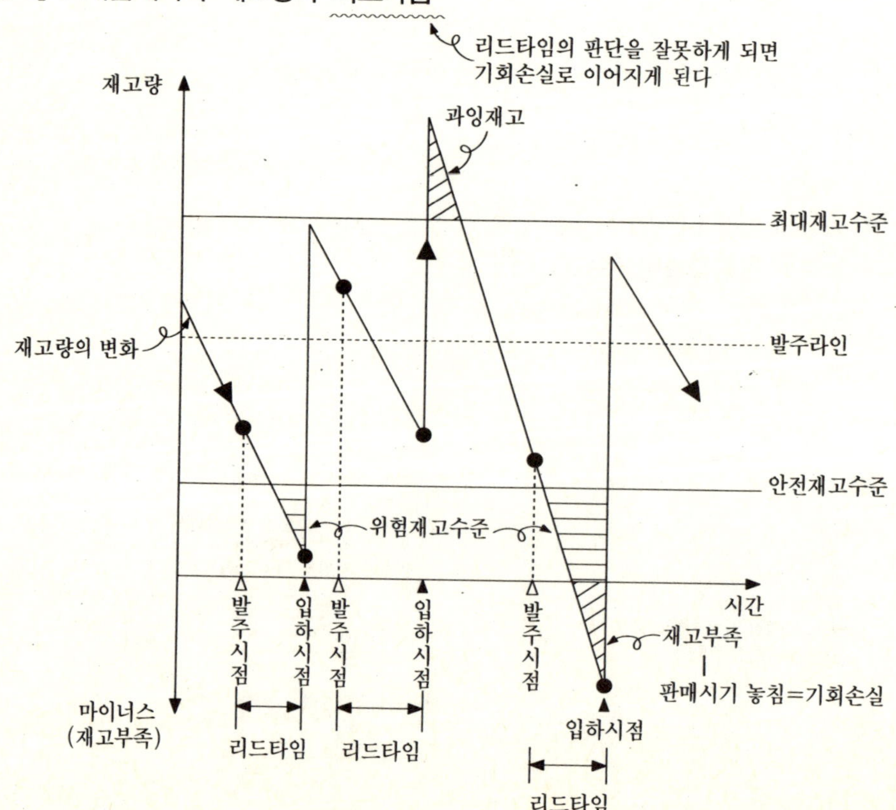

【그림 3】 컨비니언스 스토어에 납품되는 가공식품의 납품스케줄의 변화

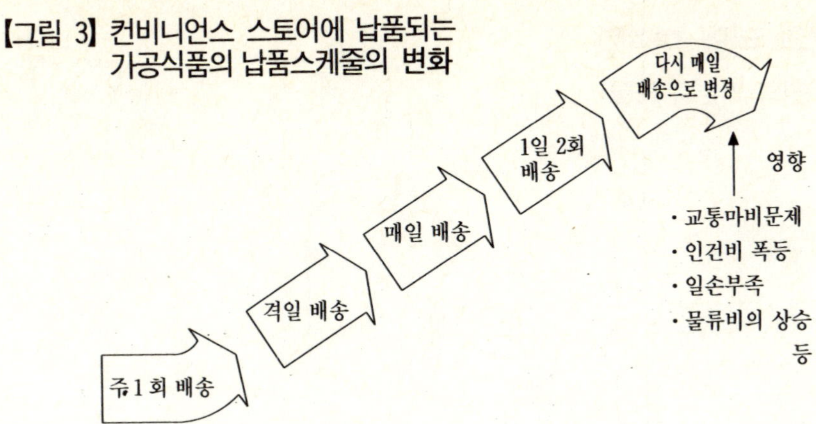

【그림 4】 간판방식에 있어서 납품업자의 타임 마케팅

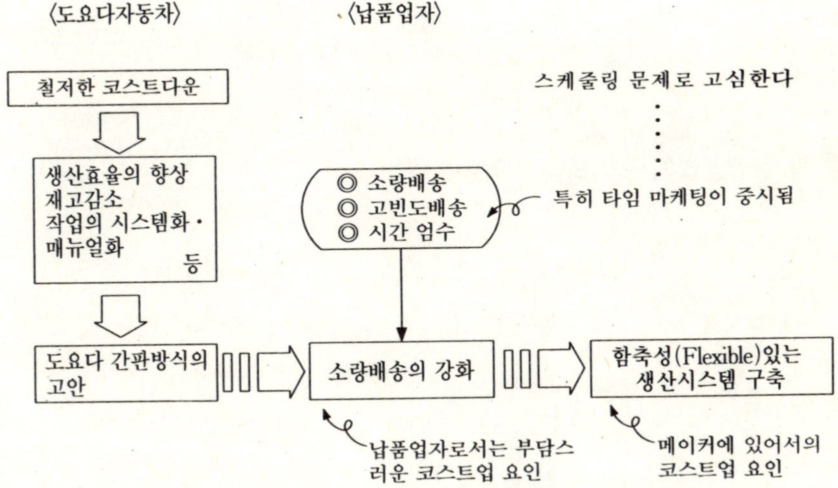

【그림 5】 배달피자의 타임 마케팅

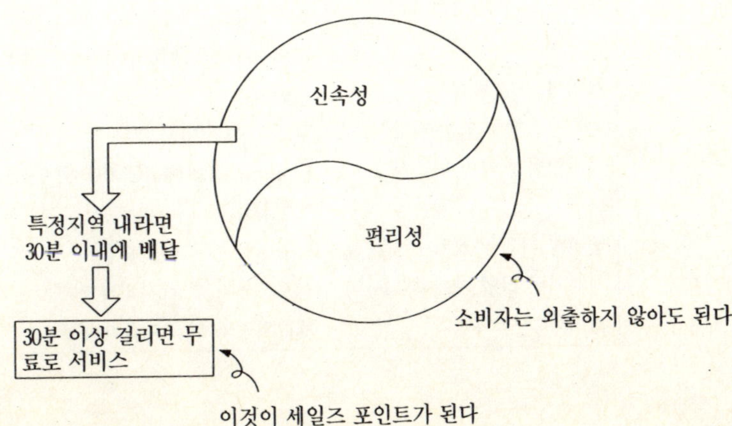

11 영업에서의 타임 마케팅

【그림 1】 영업부원의 기본적 역할

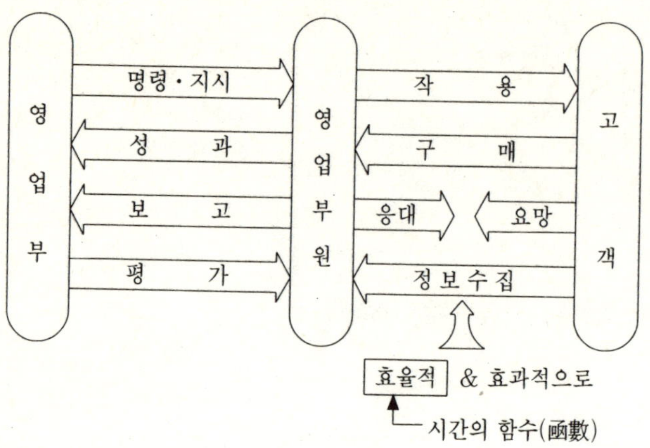

【그림 2】 은행영업에서의 타임 마케팅이란

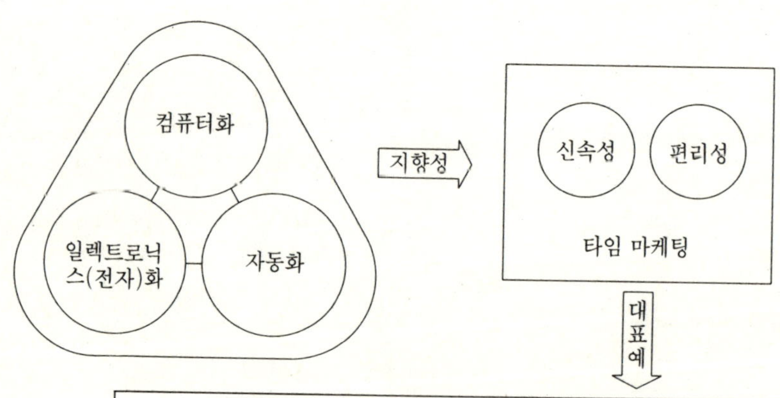

즉시형 타임 마케팅	:	전자입금, 은행 POS(Point of Sale), CD(Cash Distenser), ATM(Automatic Teller machine)
예약형 타임 마케팅	:	자동이체
자유시간형 타임 마케팅	:	일요일 은행 업무, 24시간 서비스
시간절약형 타임 마케팅	:	Firm Banking(美 : CMS), Home Banking, 자동입금기
편리형 타임 마케팅	:	스윙예금제도(자동계속)
부정기형 타임 마케팅	:	담보증권의 취급(처리의 일렉트로닉스화)
정기형 타임 마케팅	:	재형저축의 취급(자동대체)

【그림 3】 패스트푸드 영업에서의 타임 마케팅

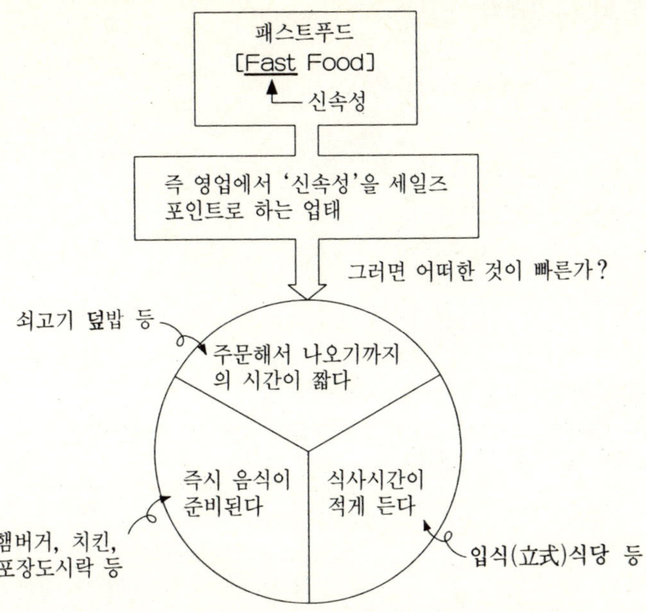

【그림 4】 컨비니언스 스토어(편의점)에서의 타임 마케팅

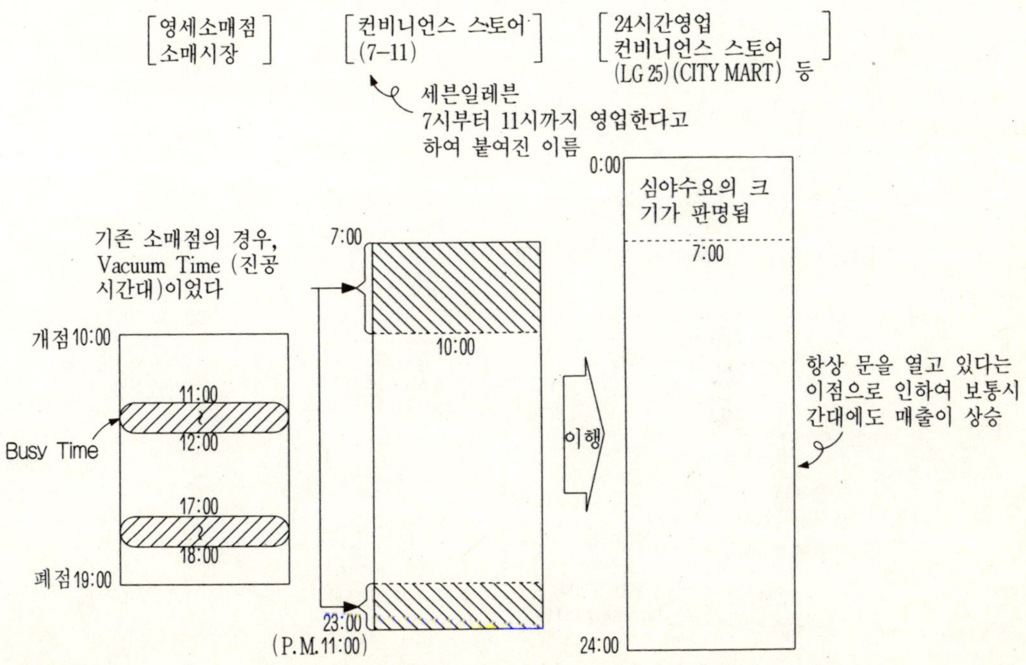

12 프로모션에서의 타임 마케팅 (1)

【그림 1】 프로모션에서의 타임 마케팅

프로모션에서의 타임 마케팅의 기본은

적절한 시기에

적절한 타이밍으로

적절한 기간동안

행하는 것

【그림 2】 프로모션의 성공 여부는 기획력(아이디어력)과 시간을 어떻게 컨트롤 할 수 있는가 하는 능력에 좌우된다

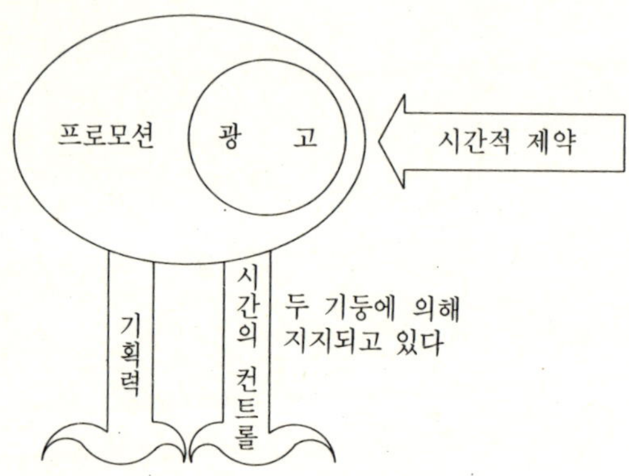

【그림 3】 캠페인에서의 타임 마케팅

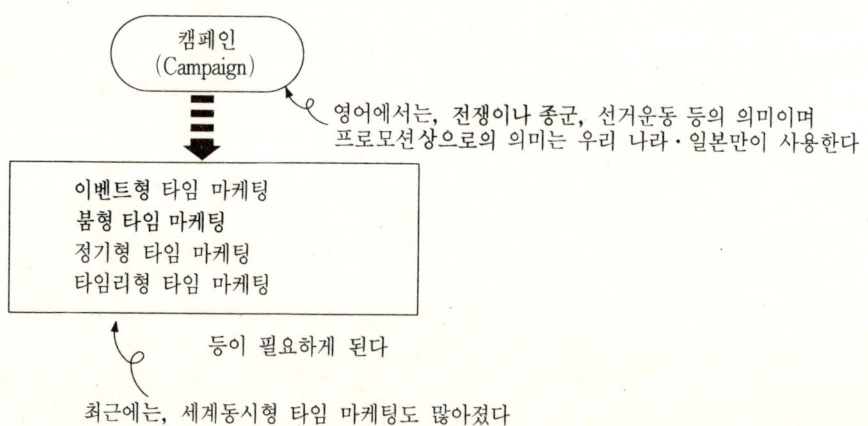

【그림 4】 매월 실시되는 세일즈 프로모션 (일본 예)

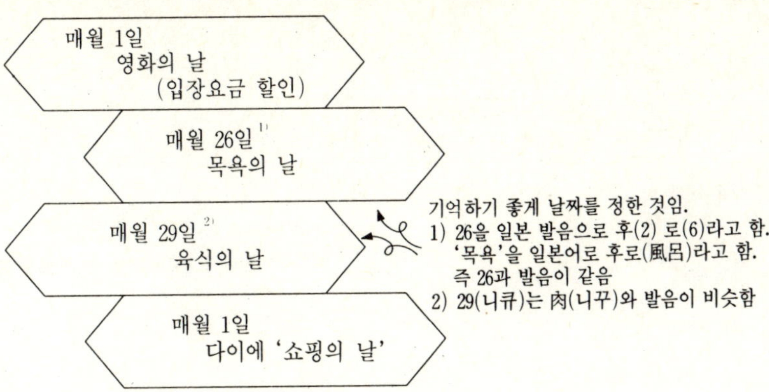

【그림 5】 백화점 프로모션에서의 타임 마케팅
(매일 실시되는 프로모션에서)

슈퍼마켓 매장의 '5시의 쇼핑'
—— 폐점 전의 생선식료품의 바겐세일

부인의류품 매장의 '성수기 전후(Twilight) 세일'
—— 퇴근길 OL을 대상으로 5시부터 시작되는 의류제품 바겐세일

식료품 매장의 '런치타임세일'
—— **회사원** 대상의 점심겨냥 타임 바겐세일

긴자(마리온), 아사쿠사(관광센터)의 '카라쿠리'시계(매시마다 인형들이
나와 악기연주로 시간을 알림)
—— 명물이 되고 있다

일층광장에서의 '런치타임 콘서트'
—— **주변** 회사원의 런치타임 호객을 노린 타임 마케팅

13 프로모션에서의 타임 마케팅(2)

【그림 1】 광고효과와 시간

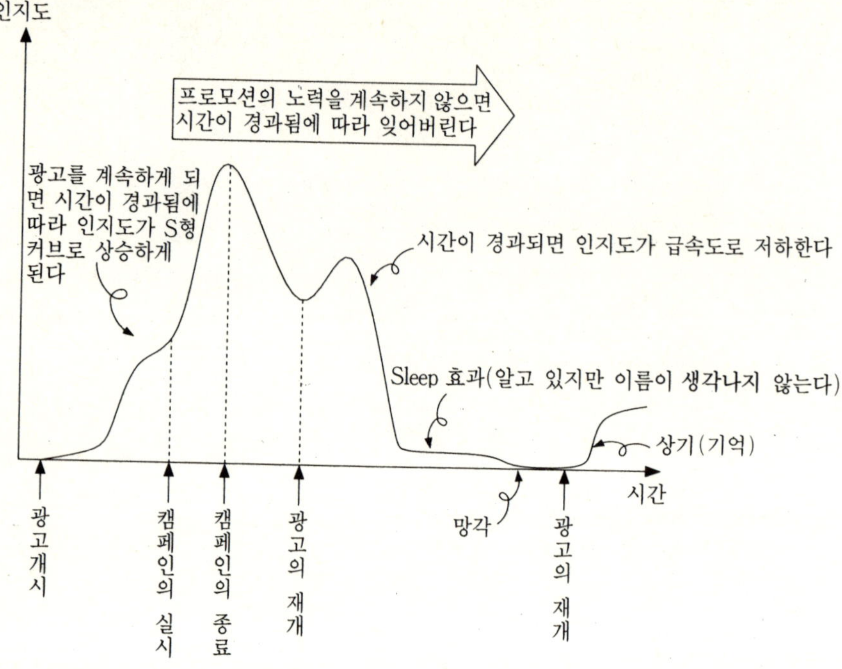

【그림 2】 광고효과에서의 이월 효과

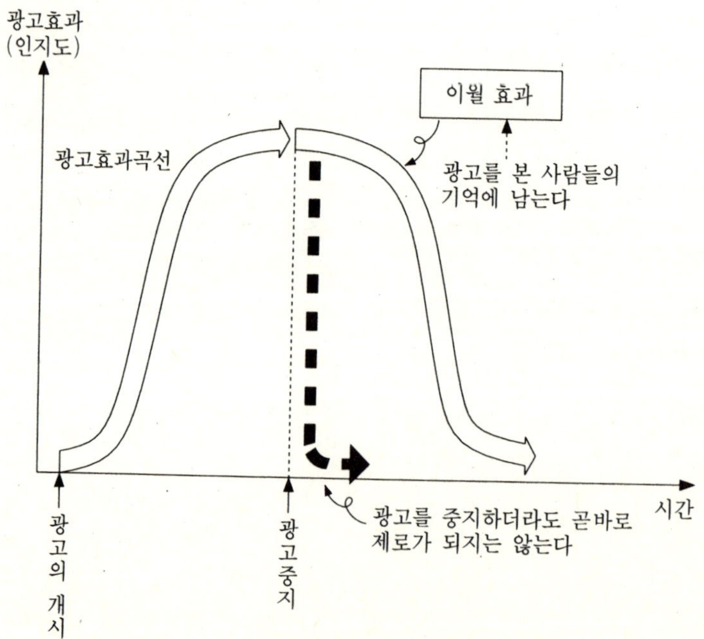

〈표 1〉 유명 캐치프레이즈에서 본 시간개념 도입의 예

년	캐치프레이즈	기업명 또는 상품명	타임 마케팅
1952년	매반기마다 한 번씩 대봉사	다이마루(大丸)	이벤트형, 주기형
1961년	40년동안 기다리셨습니다	안네 냅킨	시간특정형
1961년	천천히, 주량껏 스타이니를 마시자.	산토리 '스타이니 맥주'	시간인식형
1969년	돌진, 돌진 그리고 맹돌진을 !	마루젠(丸善)석유	스피드형
1970년	맹렬(급신장)로부터 뷰티플(beautiful)로	후지(富士)제록스	시간인식형
1971년	느긋하게 가자(서둘 필요 없다는 뜻)	모빌 석유	시간인식형
1972년	안녕하세요, Mr. 토요일 !	이세단(伊勢丹)	시간특정형
1972년	금요일은 와인을 마시는 날	산토리 '데리커 와인'	시간특정형
1973년	토요일에 땀을 흘리자	이세단(伊勢丹)	시간특정형
1977년	열려 있어서 참 좋군 ! (늦은 밤인데도)	세븐일레븐	특정기간형
·	금주의 토·일요일은 도요다의 날	도요다	주기형
1989년	24시간 싸울 수 있습니까(힘이 부치지 않느냐는 의미)	산꾜(三共) '리겐' (드링크)	항시형
·	신데렐라 익스프레스(열차명)	JR 도우까이(東海)	데드라인형

【그림 3】 T V 광 고

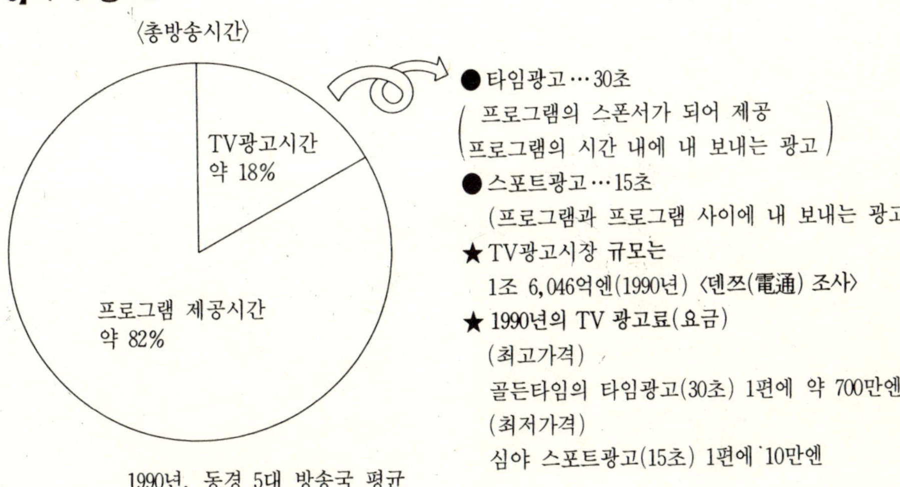

14 서비스에서의 타임 마케팅

【그림 1】 서 비 스 란

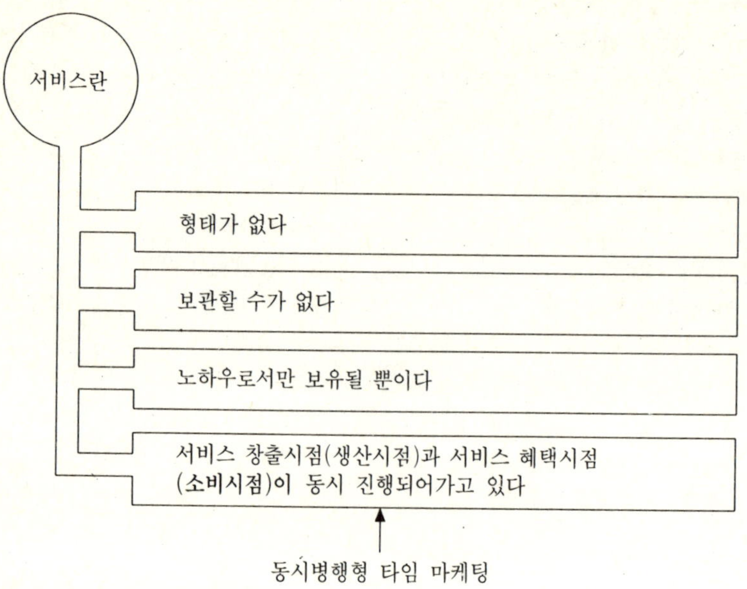

【그림 2】 서비스의 소비자 만족도는 어떻게 결정되는가 ?

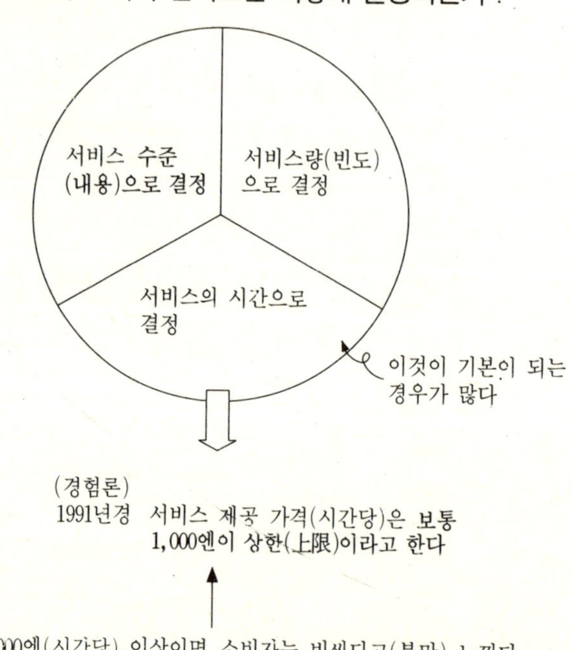

【그림 3】 대학이 대학생에게 제공하는 서비스의 타임 마케팅

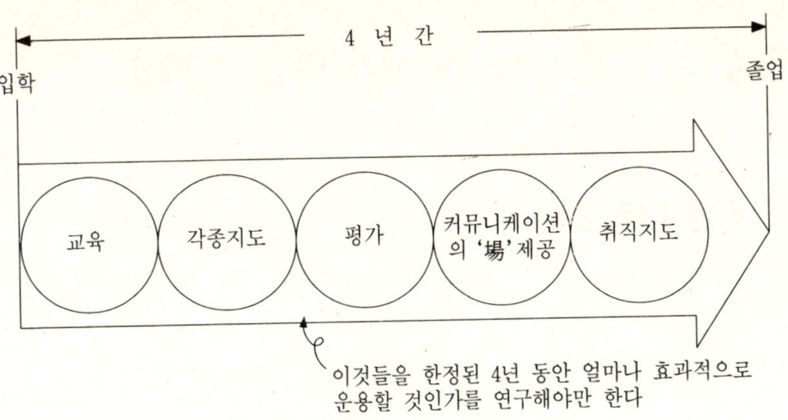

【그림 4】 우체국의 타임 마케팅에 의한 악영향(매출저하)

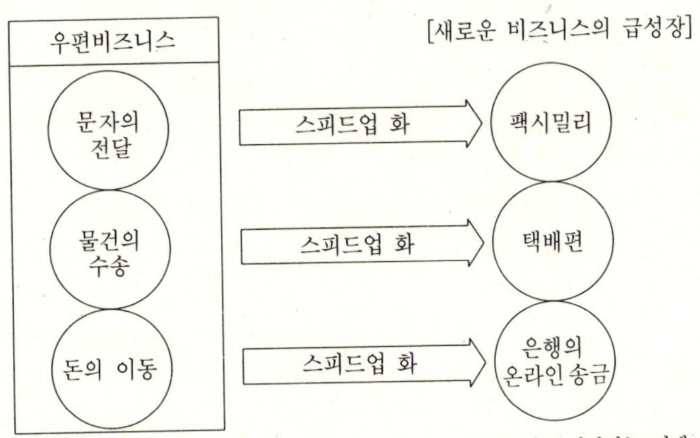

【그림 5】 24시간 서비스의 대표적인 예

서비스의 24시간화는 이제 보편화 되고 있어 가까운
장래에 소비자는 24시간 서비스가 당연하다고
생각할 것이다

제4장 각종 Key Word와 타임 마케팅

1 패션화와 타임 마케팅(1)

【그림 1】 패션과 시간

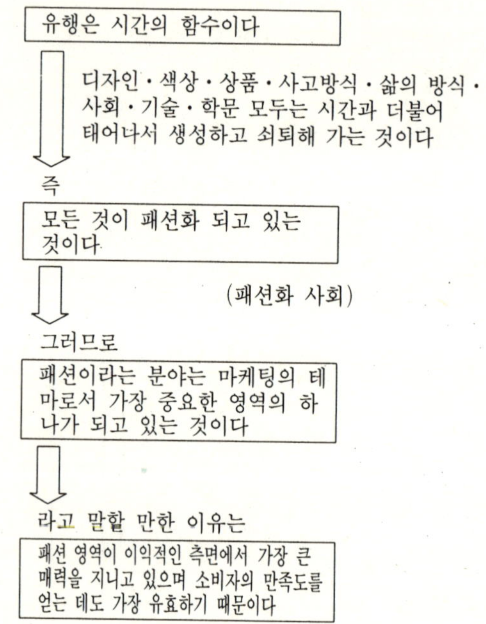

【그림 2】 패션화의 과정

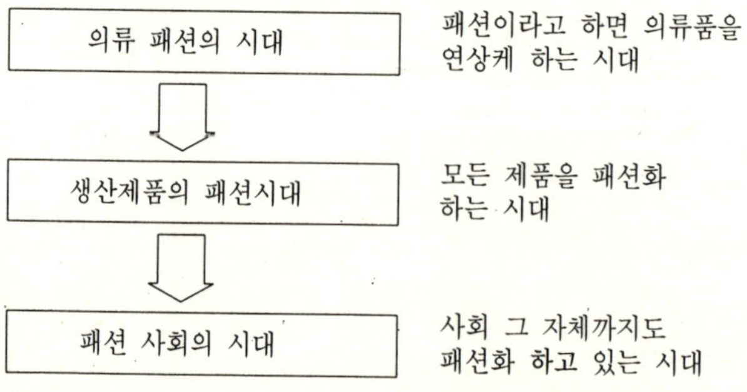

【그림 3】 패션 마케팅에서의 여러 가지 타임 마케팅

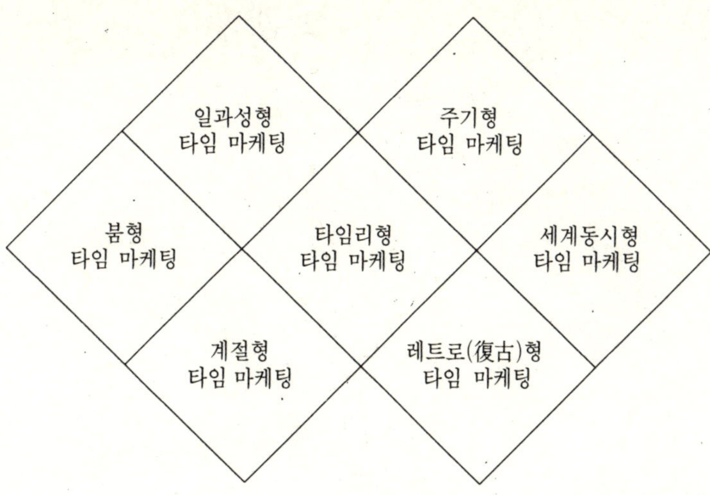

【그림 4】 설비투자가 적게 들고, 타사와 기본적으로 품질의 차별화가 곤란한 분야는 패션화가 빨라지는 경향이 있다

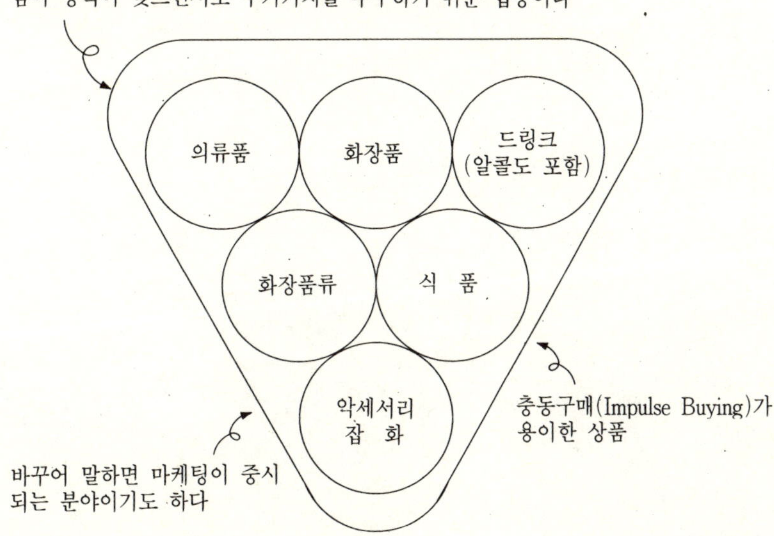

2 패션화와 타임 마케팅 (2)

【그림 1】왜 의류품 분야에서 최초로 패션화가 진행되었는가

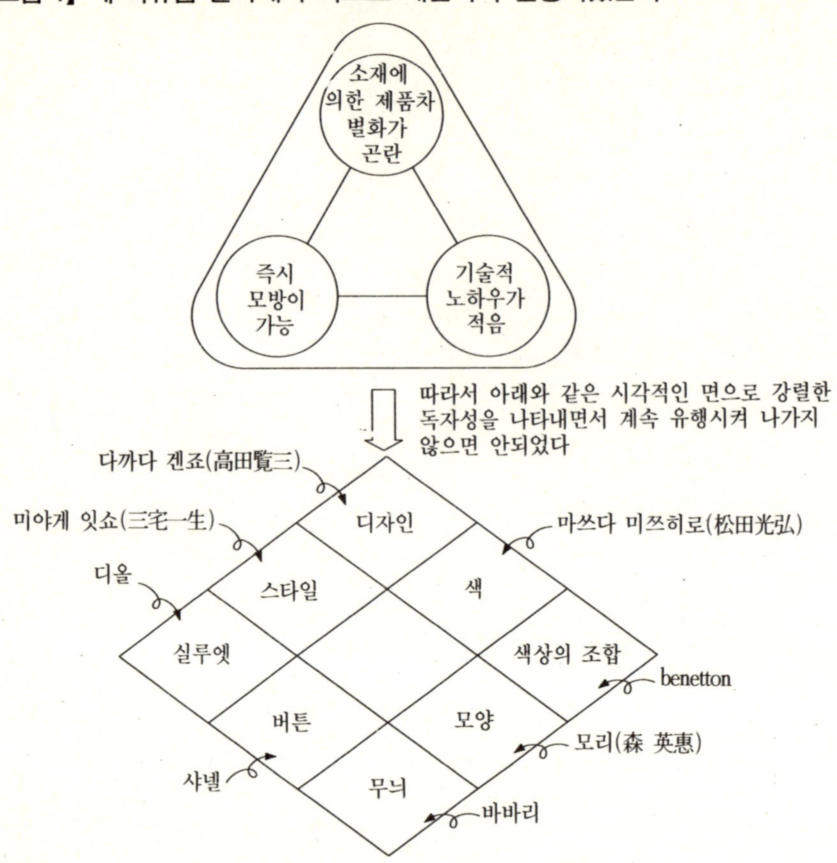

【그림 2】추(秋)·동(冬) 의류의 타임 테이블

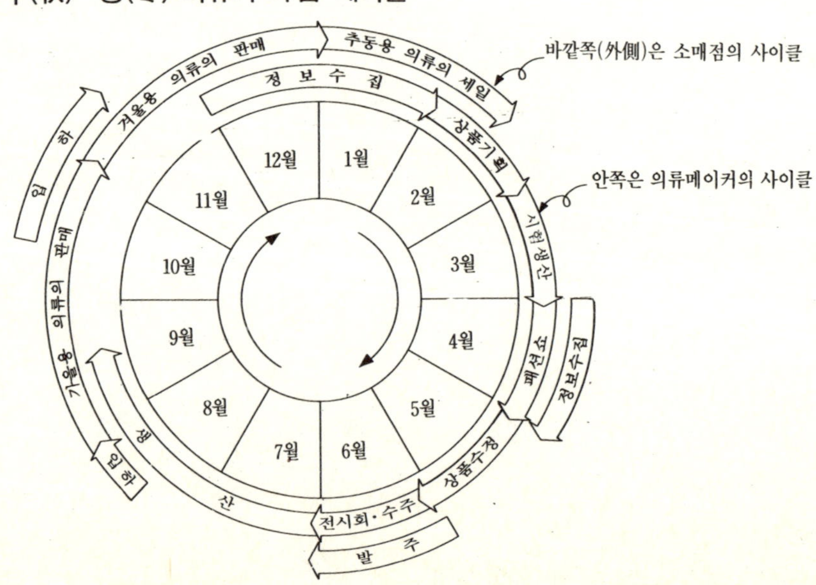

【그림 3】 패션의 타임래그(Time Lag)

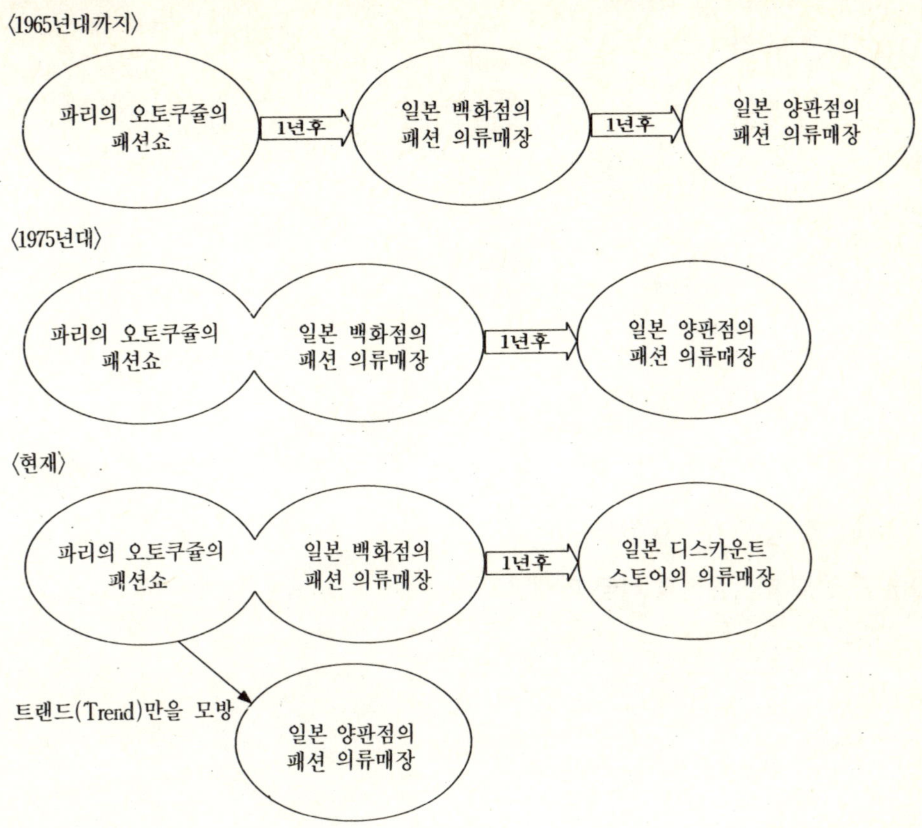

【그림 4】 패션의류에서의 타임 마케팅

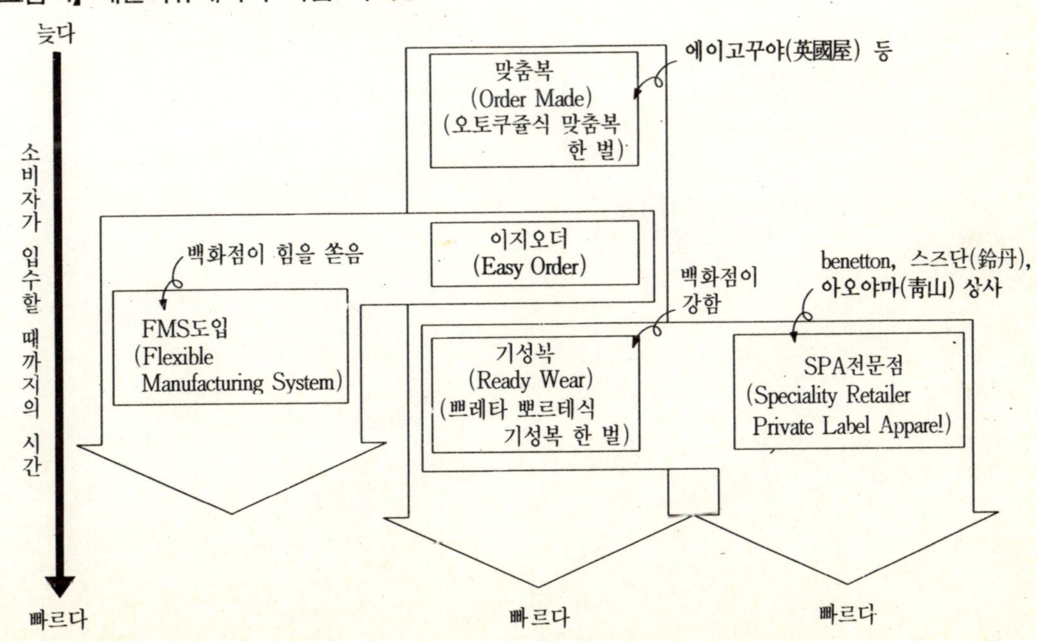

3 정보화와 타임 마케팅(1)

【그림 1】 정 보 란

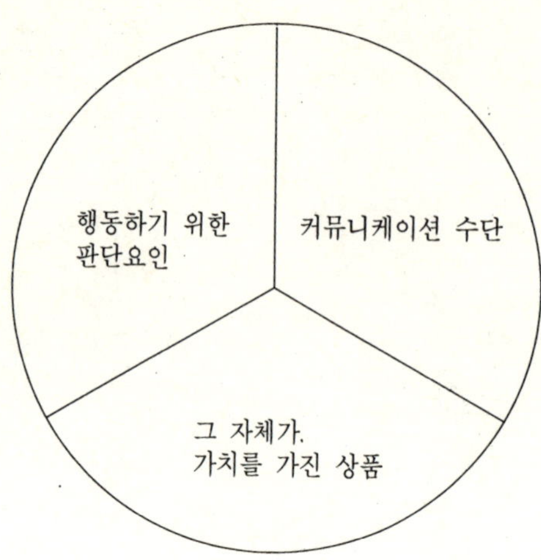

【그림 2】 정보화의 진전과 타임 마케팅

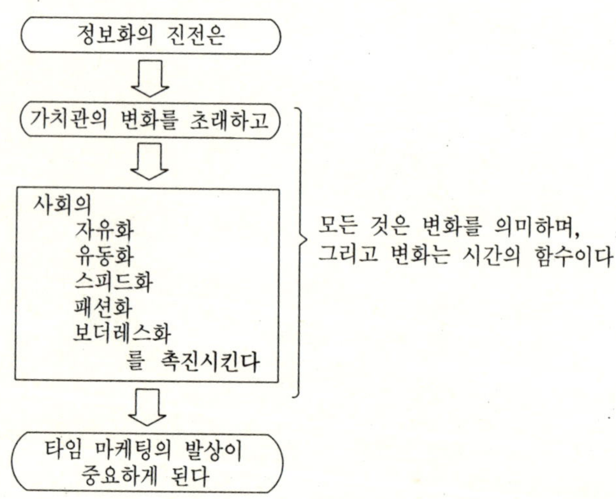

【그림 3】 마케팅의 기본 특징과 타임 마케팅

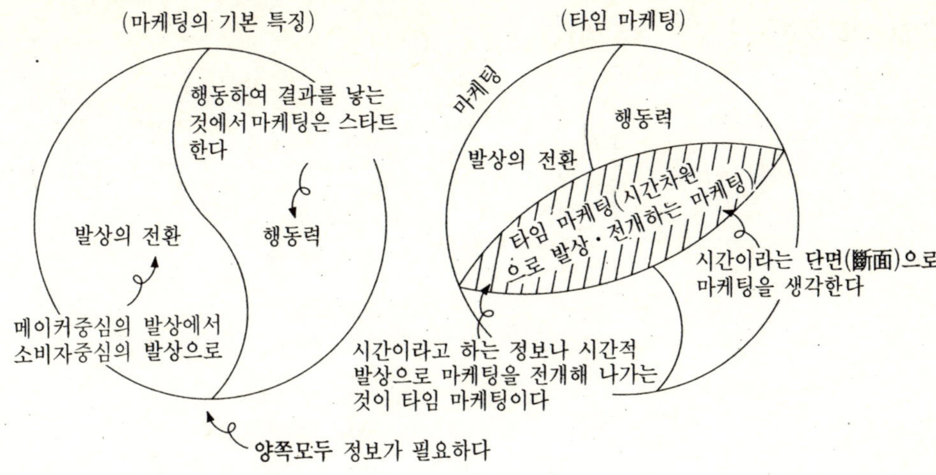

【그림 4】 정보 시스템화의 기본형과 타임 마케팅

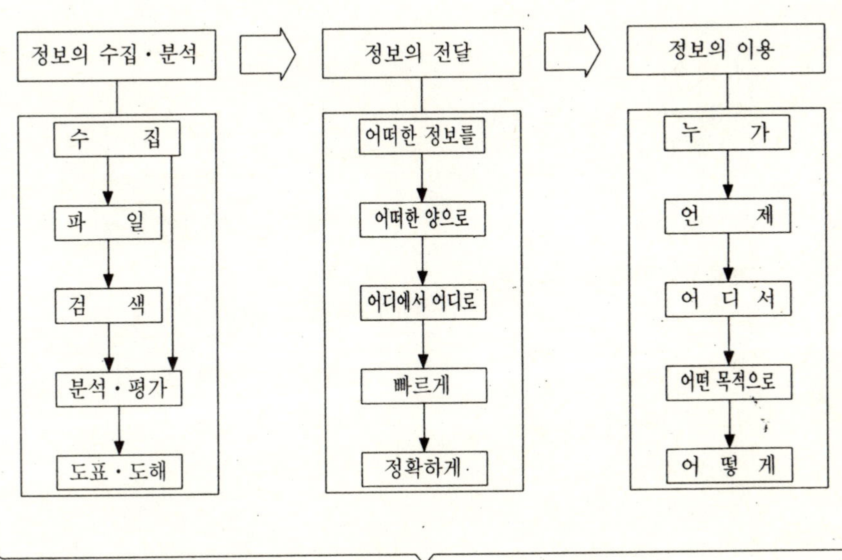

4 정보화와 타임 마케팅 (2)

【그림 1】 마케팅 정보의 수집에서의 시간적 분류

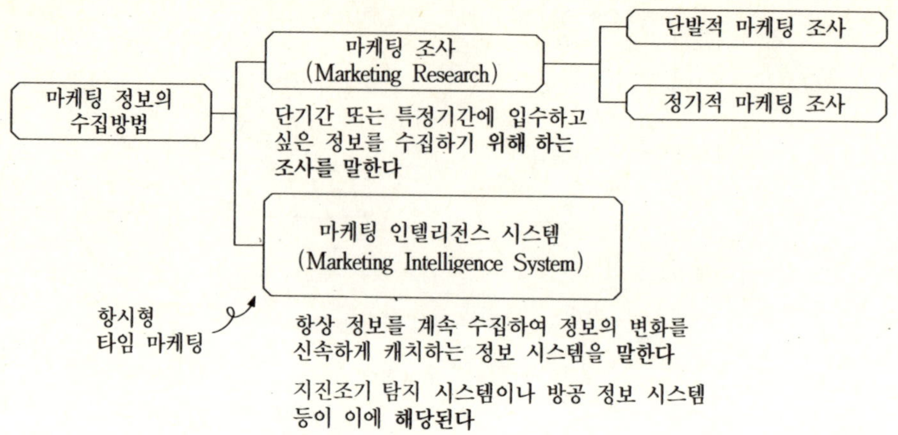

【그림 2】 마케팅 정보 시스템의 시간적 분류방법

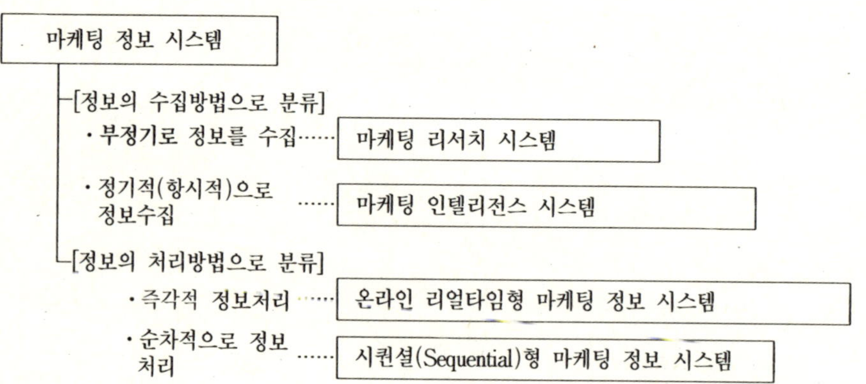

【그림 3】 소매점 매장에서의 정보화 움직임과 타임 마케팅

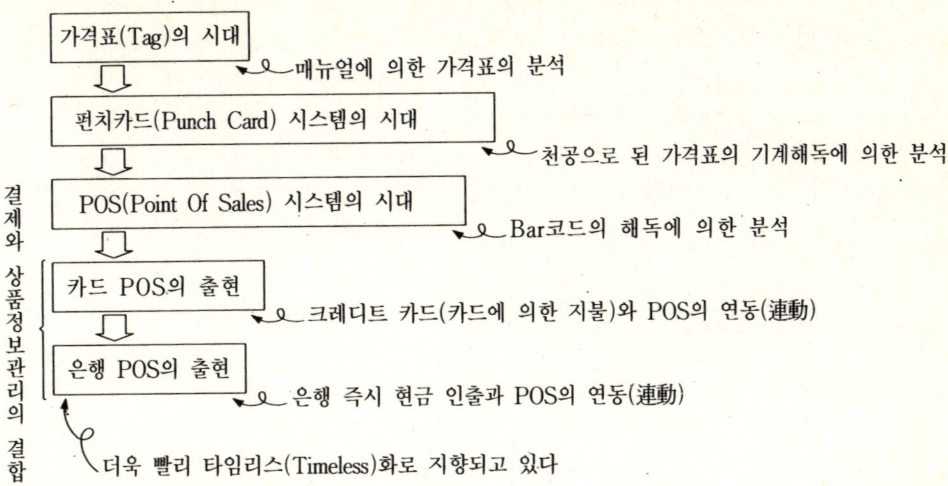

【그림 4】 데이터 뱅크와 타임 마케팅

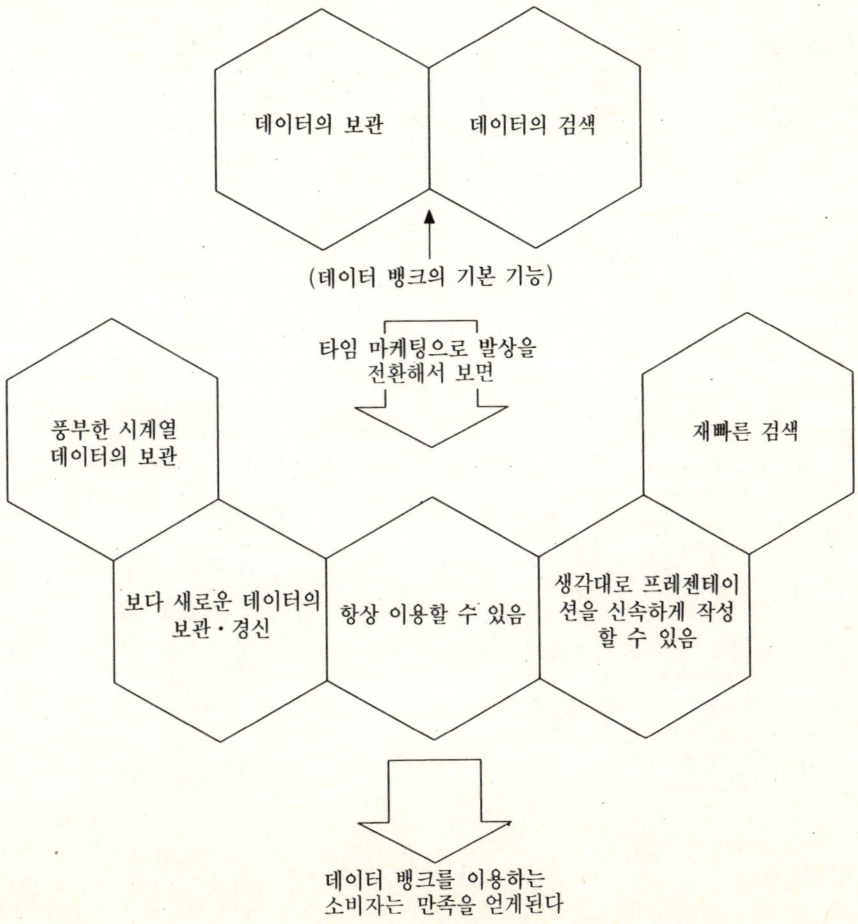

5 서비스화와 타임 마케팅

【그림 1】 소프트화와 서비스화

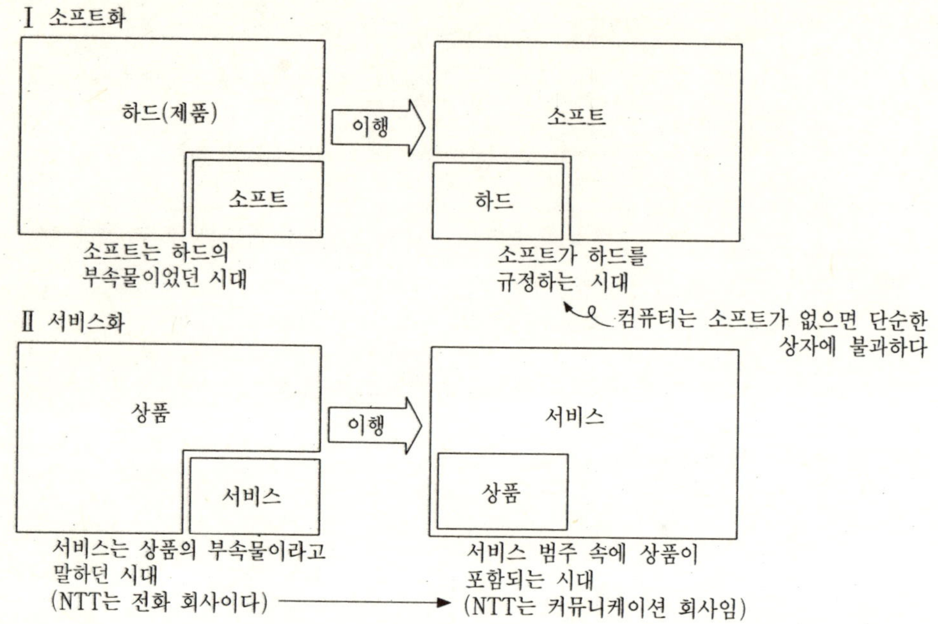

【그림 2】 서비스화와 타임 마케팅

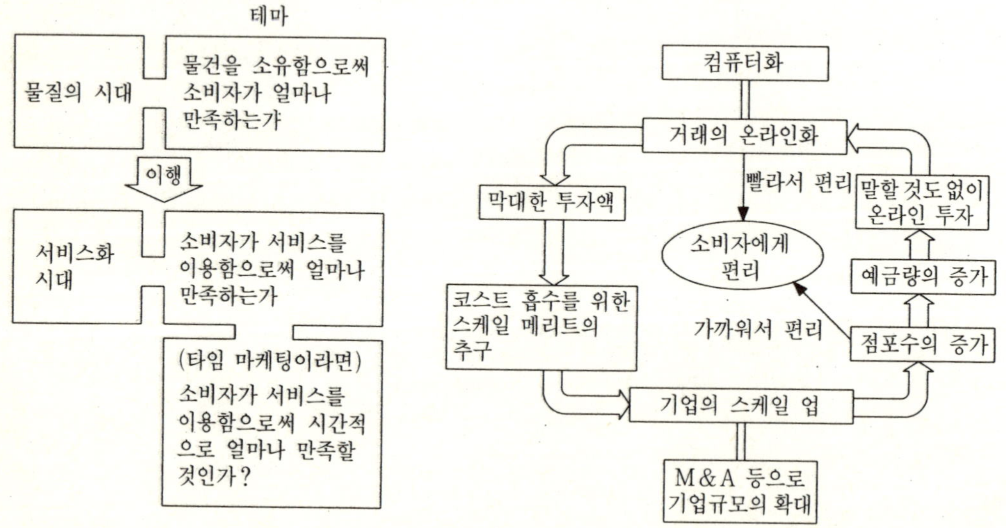

【그림 3】 은행에서의 대(對) 소비자 서비스 측면의 타임 마케팅

【그림 4】 크레디트 구매에서의 타임 마케팅

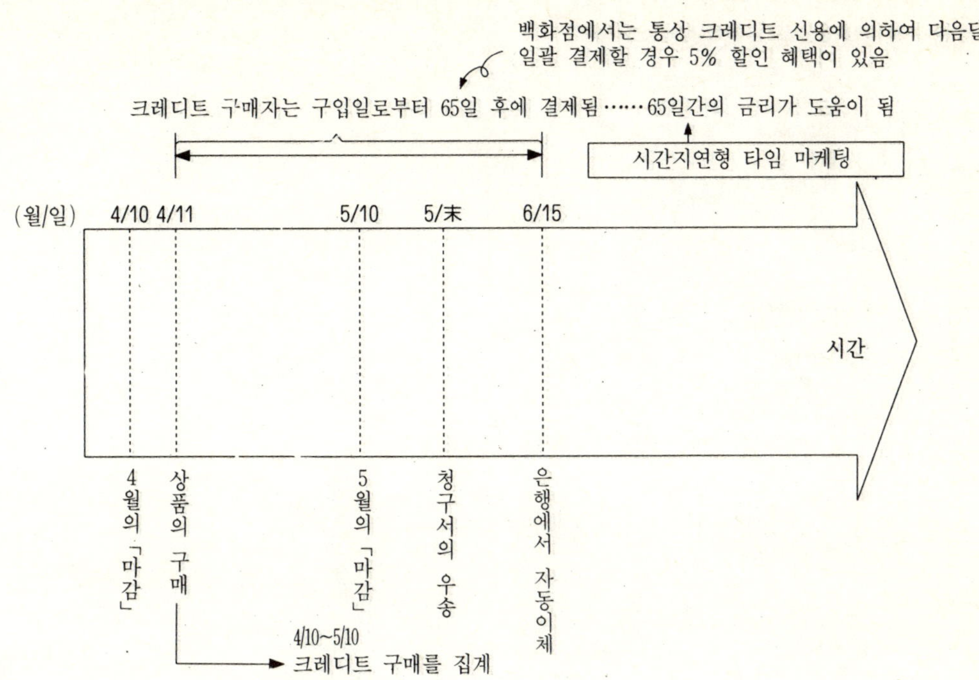

【그림 5】 외식(外食) 비즈니스의 타임 마케팅이란

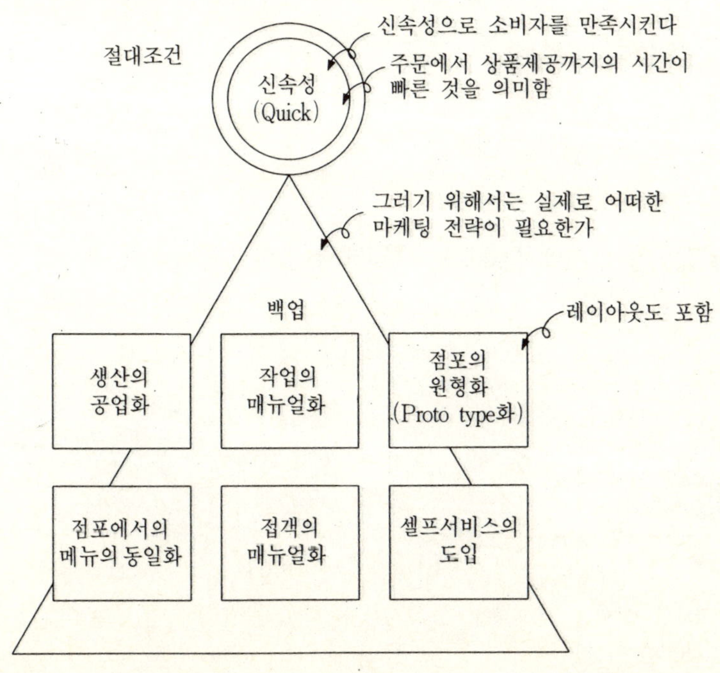

6 보더레스(Borderless)화와 타임 마케팅

【그림 1】 국제화에서 보더레스화로

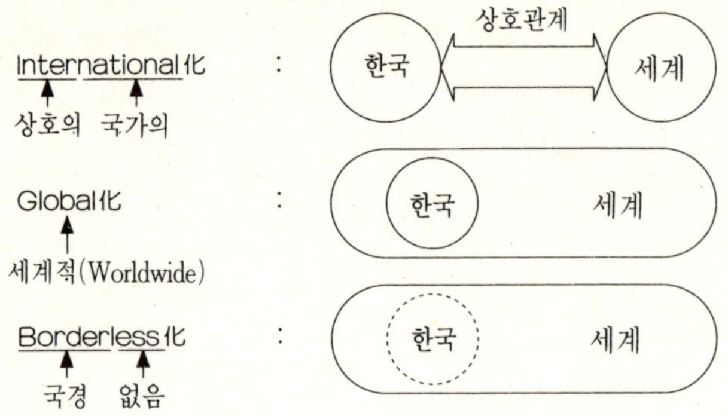

【그림 2】 단계적 수출에서 선진 3개지역 동시발매로

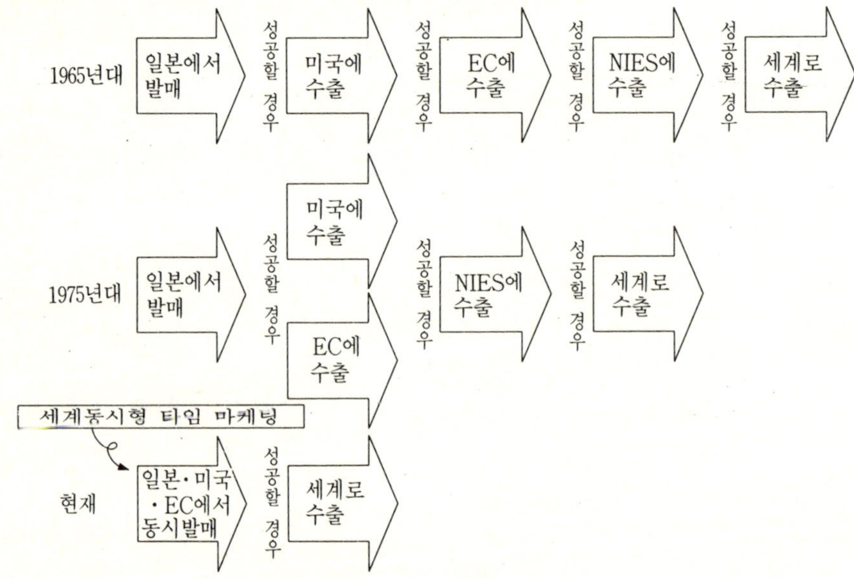

【그림 3】 마케팅 전략을 동시에 전개하는 측면에서 선진 3개 지역의 유사성

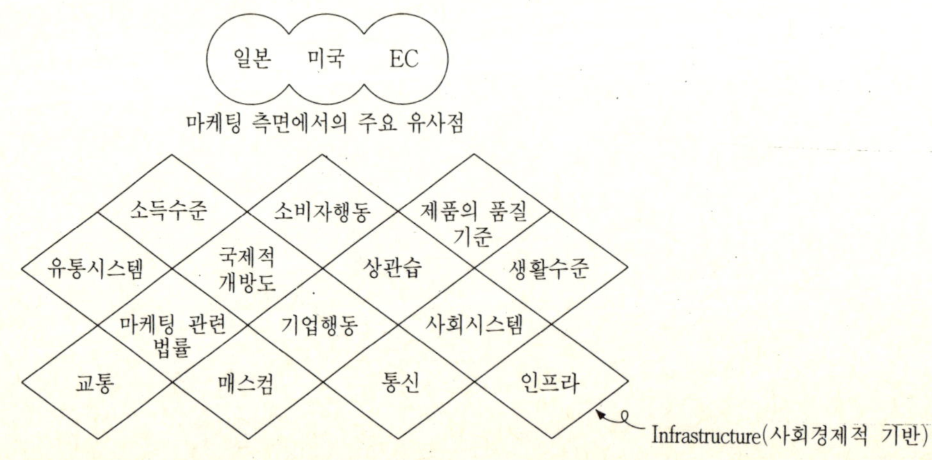

【그림 4】 보더레스화와 타임 마케팅

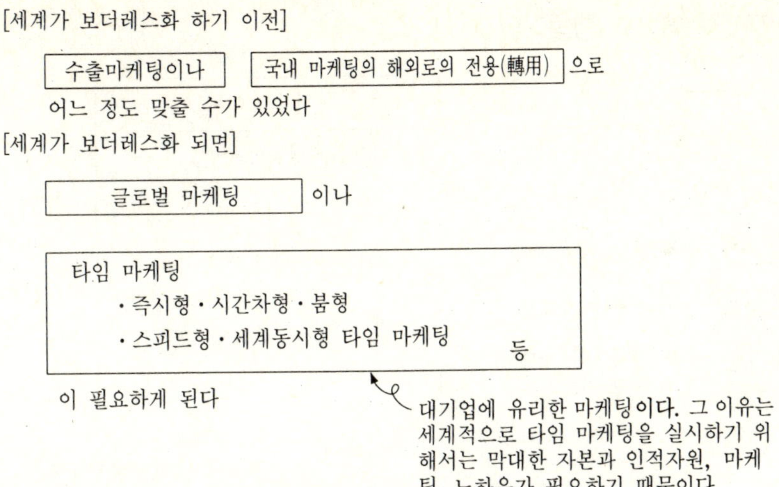

【그림 5】 스포츠 이벤트에서의 타임 마케팅(시계 메이커의 경우)

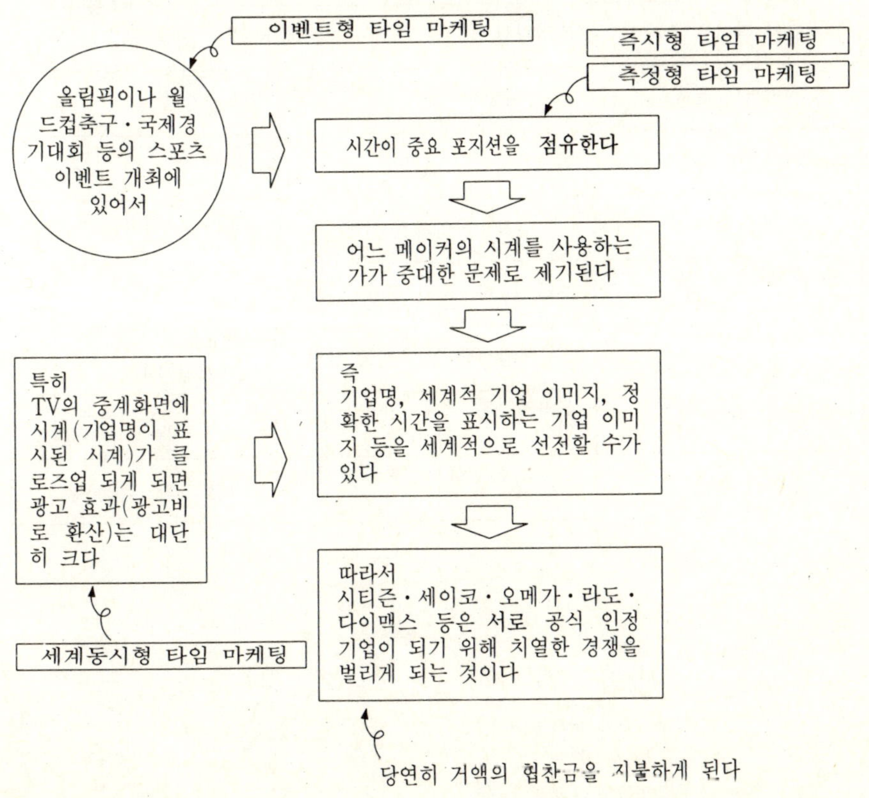

7 소비자행동의 변화와 타임 마케팅

【그림 1】 소비자행동에서의 행동이란

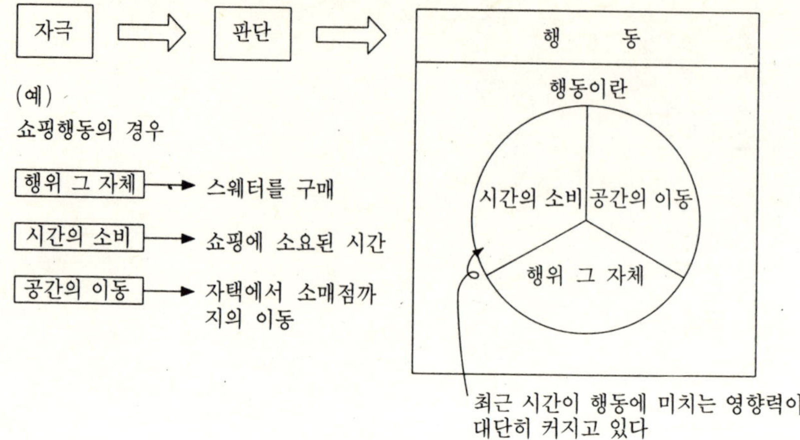

【그림 2】 최근, 라이프 스타일(생활양식)의 변화와 시간적 요소와의 연관성

24시간의 라이프 스타일	컨비니언스 지향	장기바캉스 여행
심야파티 유행	택배의 활용	입욕시간의 증대
심야귀가서비스편이 인기	패스트푸드가 인기	연말연시 도심 호텔에서의 체류
신간센 통근이 증가	플렉스타임제가 인기	주말해외관광여행
세컨드하우스로서의 도심(都心) 오피스텔	프리아르바이트의 증가	패스트푸드점의 조식 메뉴의 인기
목요일 백화점 매출액의 급증가	마감시간 전 쇼핑의 유행	통신판매의 유행 (쇼핑시간이 제로)
반찬(부식)의 인기	전자레인지 식품이나 인스턴트식품의 유행	제철음식·신선한 요리 (죽순, 버섯, 활어회 등) 붐
심야의 세탁	조조(早朝) 스포츠 클럽의 인기	단기간 이벤트의 유행

【그림 3】 식사에서의 시간단축화 타임 마케팅

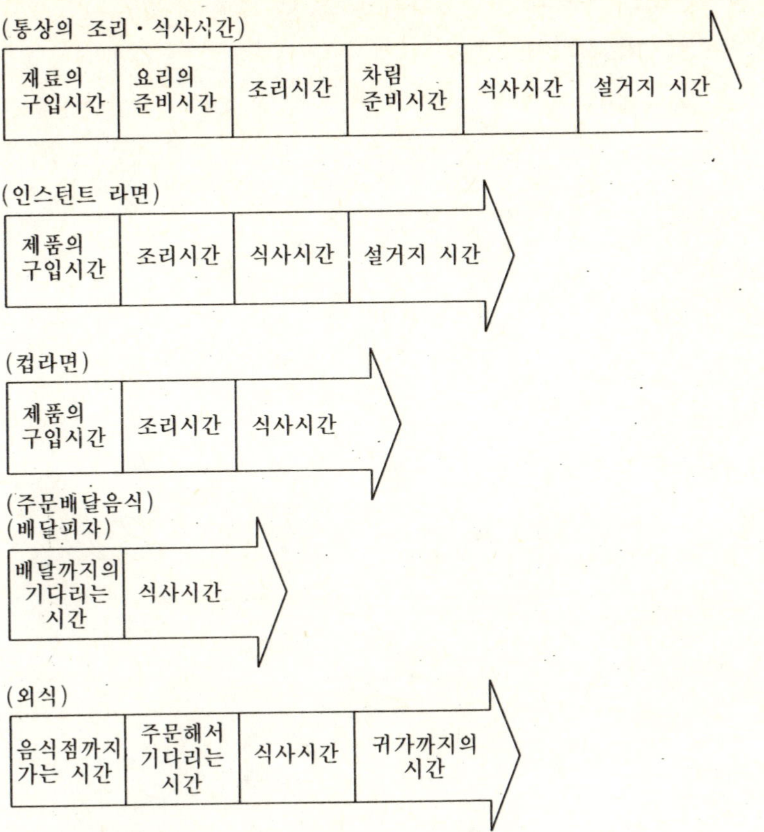

【그림 4】 슈퍼마켓에서의 타임 마케팅

셀프서비스	소비자 스스로가 상품을 계산대까지 가지고 가기 때문에 시간이 단축된다
셀프 셀렉션	대인판매가 아니라 소비자 스스로가 선택하기 때문에 신속히 결정할 수 있다
프리패키지	계량이나 계수를 하는 것과는 달리 미리 포장되어 있기 때문에 선택시간이 적어진다
태그 레지스터 도입	대금지불시간이 단축된다
교외입지(立地)	교외 거주의 주민이 증가되고 있는 오늘날, 그들에게는 가까워서 편리하다
대규모 주차장	주차가 용이하다(시간적 로스가 적다)
상품포장귀가제	배달될 때까지 기다리는 것이 아니라 구입 즉시 사용할 수 있다

8 소비자문제와 타임 마케팅

【그림 1】 소비자의 시간 사용방법

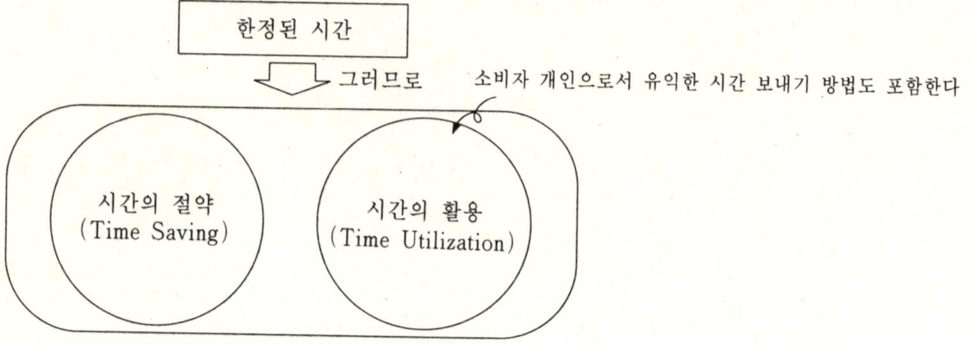

【그림 2】 표시문제에서의 타임 마케팅

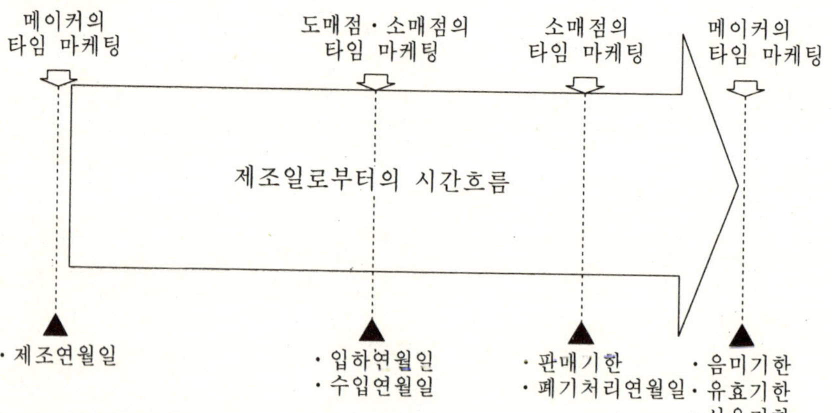

【그림 3】 식료품의 제조일로부터 개봉만기일까지

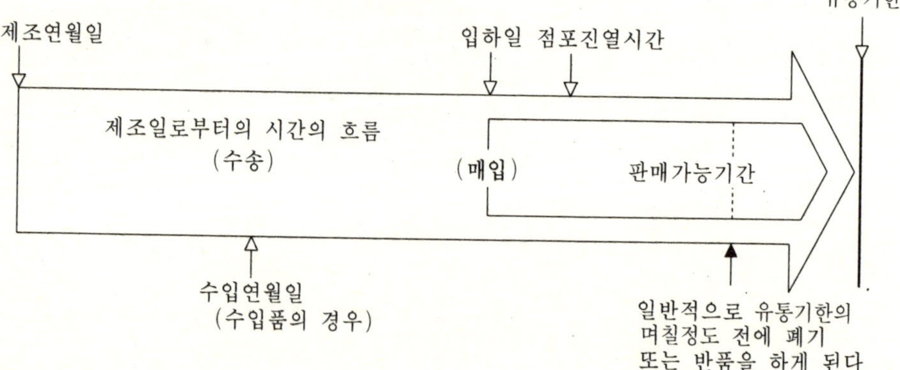

【그림 4】 오픈 데이팅(Open Dating)의 명칭

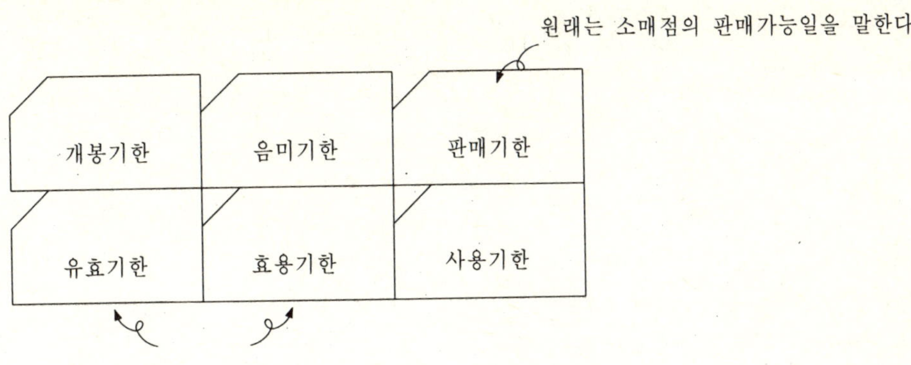

【그림 5】 제품리콜(Recall)에서의 타임 마케팅

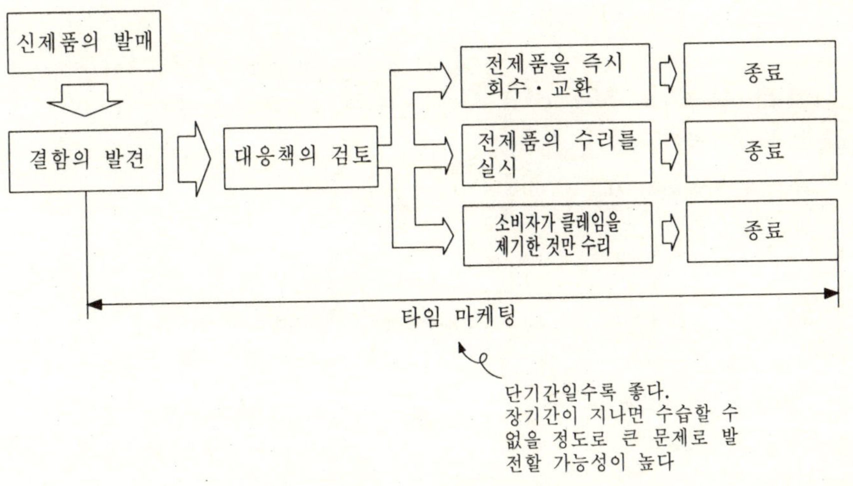

참 고 문 헌

【단행본】
- 미야에이지(三家英治)「圖說 마케팅」
- 호리 고우이찌 감수「타임베이스 경쟁」
- 노무라(野村) 종합연구소 종합연구본부(편집)「창조의 전략」
- 일본 프레지던트사(社)「스트라테지크 마인드」
- 오오마에 겐이찌(大前研一)「일본기업 살아남기 전략」
- 이노우에 류이찌로(井上隆一郎)「세계의 빅 비즈니스」

- P.Kotler, *Marketing Decision Making : A Model-Building Approach*, 2nd ed., Harper & Row, 1983.
- P.Kotler, Marketing Management, 5th ed., Prentice-Hall, 1984.

【논 문】
- P.Kotler & S.J.Levy, "Demarketing, Yes, Demarketing", Harvard Business Review, 49(November-December 1971)
- P.Kotler & S.J.Levy, "Broadening the Concept of Marketing", Journal of Marketing, 33(January 1969)

부 록

타임 마케팅이란

京都學園大學 經濟學部論集 拔刷

MARKETING

1. 서   론

현대의 비즈니스 특징을 키워드로 표현한다면 속도(Quickness, Speed, Online 등), 글로벌화(Globalization 또는 Borderless Society), 정보 그리고 이질화(Heterogeneous), [모자이크(Mosaic)화 : 서로 섞여 있을 뿐이고 융합되지 않음]라는 것이 된다고 하겠다. 이 중에서도 속도, 즉 스피드화는 모든 사람들이 인정하는 경향이라고 말할 수 있다. 통신기술이나 컴퓨터의 급속한 발전과 수송기술의 진보에 의하여 스피드화는 더욱 가속화 되어지게 된 것이다. 비즈니스 사회에서는 확실히 'Time is money'이며, 시간이 Money Making의 비즈니스 찬스가 되는 사회로 변모한 것이다.

이와 같은 시간이 비즈니스 사회에서 중요하다고 하는 인식은 옛부터 누구나가 말해온 것이지만 현실적으로 비즈니스 이론 중에서 얼마만큼 시간이라는 개념이 이론화 되었으며, 얼마만큼 이론에 반영되고 있는가 한다면 시간의 중요성의 인식에 비하여 매우 적은 실정이라고 아니할 수 없다. 그러나 비즈니스 이론 중에서 시간이라는 개념이 무시되고 있는가 라고 말한다면 그렇지는 않고 실제로는 시간의 개념을 체계화 한다는 것이 곤란하며 다루기가 어렵다는 것과 "정말 그런 말을 듣고 보니 시간의 체계화는 적은 것 같애……"라는 정도로 잊혀진 인식도의 수준이라고 하겠다.

특히 경영전략이나 마케팅전략 등의 전략론(戰略論)에서는 시간이 결정적인 역할을 다하는 일이 많은 데 비하여 시간을 적극적으로 전략화해 가는 어프로치는 극히 빈곤하다고 하겠다. 설사 전략론에 시간이라고 하는 개념이 짜여져 들어갔다고 해도 그 태반이 단지 시간의 경과나 기간이라고 하는 면에서의 도입, 즉 시간이라고 하는 틀만 설정해 놓고 있다는 레벨의 체계화에 그치고 있는 것이다.

그런 까닭에 좀 더 적극적으로 시간이라는 개념을 도입하여 시간 그 자체를 비즈니스 찬스에 결부시킨다는 이론이나 타임 매니지먼트, 그리고 비즈니스의 발상에 있어서의 시간적 시점의 강화 등을 연구하지 않으면 안된다고 생각하는 것이다. 즉 비즈니스 이론에 있어서의 Time Innovation을 제안하려고 하는 것이다.

그래서 이 논문에서는 마케팅 분야에 시간의 개념을 적극적으로 도입하여 시간을 축으로 하는 새로운 시점의 마케팅을 제안해야겠다는 생각으로 타임 마케팅이라고 이름 붙이게 된 것이다. 논문은 타임 마케팅의 분류를 중심으로 논하는 방법을 채용하기로 한다.

2. 타임 마케팅이란

먼저 비즈니스에 있어서 시간이란 무엇인가에 대하여 생각해 보기로 한다. 시간이란 과거, 현재, 미래로 연속하여 흘러가는 것이며, 이 흐름에 따라서 기업의 비즈니스 활동은 영위되어 가는 것이다. 비즈니스 활동의 모든 평가는 기간이라는 단위로 평가를 받으며, 시간을 베이스로 전략이 입안되고 컨트롤되는 것이다. 즉 Time based Management가 철저히 실시되는 것이다. 말하자면 비즈니스 활동 그 자체가 시간이라고 하는 리듬으로 운영 컨트롤되는 것이다.

이밖에 또 하나는, 비즈니스에 있어서 시간이라는 개념은 중요한 의미를 지니고 있는 것이다. 그것은 시간이라는 것을 비즈니스 찬스라고 이해하고, 시간에 관한 비즈니스 ─ 말하자면 타임 비즈니스 ─ 를 전개한다고 하는 의미에서의 시간인 것이다. 시간의 속도, 타이밍, 동시성, 주기성(周期性) 등 시간 그 자체를 세일즈 포인트로 하는 비즈니스의 존재인 것이다.

현대사회에서는 이와 같은 타임 비즈니스가 거대한 것이 되어 나가고 있는 것이다. 분초(分秒)를 다투는 통신업계나 컴퓨터업계, 항공업계나 수송업계, 자동차업계나 서비스업계, 나아가서는 컨비니언스업계나 택배(宅配) 피자업계에 이르기까지 타임 비즈니스가 정녕 백화요란(百花燎亂)처럼 전성의 극을 이루고 있는 것이다. 현대 비즈니스 사회에서는 여러 가지 의미로 시간 그 자체가 커다란 가치를 지니고 있기 때문에 시간을 어떻게 비즈니스 찬스로써 파악할 수 있는가가 열쇠로 되어지고 있다는 것이다.

이와 같은 두 가지 면에서의 시간이라는 개념을 마케팅 속에서 전개하려고 하는 것이 타임 마케팅인 것이다. 마케팅은 원래 어느 쪽인가 할 것 같으면 기업과 외부와의 상호관계 영역을 중심으로 이론전개가 되어지는 것이기 때문에 다른 경영학의 학문보다도 보다 다이내믹한 특징이 스트레이트하게 표면화 되는 학문이라고 말할 수 있는 것이다. 이 다이내믹이라는 말은 진정 시간의 함수이며 마케팅이 끊임없이 변화, 발전해 가고 있는 것은 이 다이내믹한 영역을 학문의 연구대상으로 하고 있기 때문이라고 할 수 있다. 즉, 마케팅 그 자체가 시간적 특징을 본래 고유의 것으로 내포하고 있는 것이다.

그렇다면 타임 마케팅의 정의를 어떻게 생각해야 할 것인가. 여기에서는 '타임 마케팅이란, 시간을 통해서 창조되고 전개되는 마케팅이다'라고 정의하기로 한다. 그런 까닭으로 타임 마케팅은 【그림 1】처럼 마케팅에 완전히 포함되는 것이라고 하겠다.

【그림 1】 마케팅에 있어서의 타임 마케팅의 위치부여

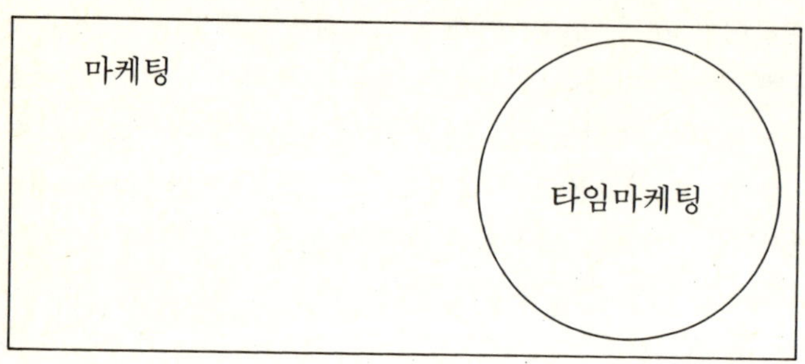

그리고 타임 마케팅의 발상의 발생프로세스를 도표로 나타낸 것이 【그림 2】가 되는 것이다.

【그림 2】 타임 마케팅의 발상과 발생프로세스

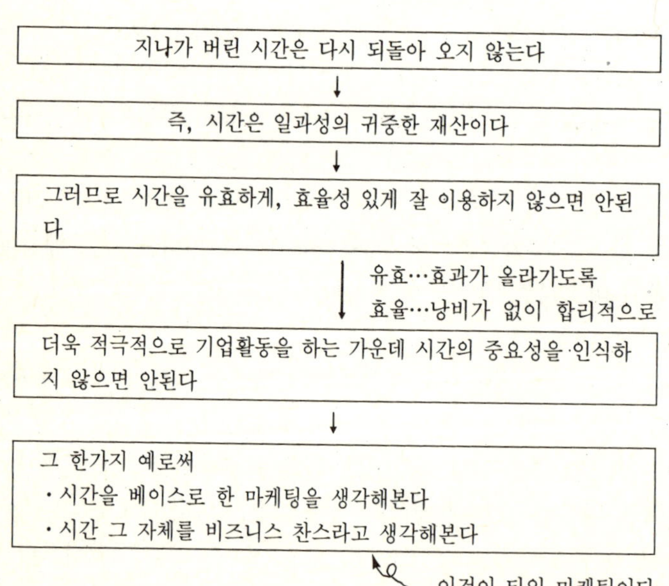

그렇다면 다음으로는 타임 마케팅의 특징에 대하여 생각해 보기로 하겠다. 우선 타임 마케팅을 실시함으로써 단순하게 마케팅을 실시하는 것보다 시간의 재인식을 촉진시키는 것이 되는 것이다. 예를 든다면 시간의 일과성적(一過性的) 특징이 강하게 인식되기 때문에 마케팅 행동이 대폭으로 변화된다거나 타이밍 문제를 진지하게 생각하기에 이른다거나 하는 등 시간에 대한 재평가가 행해지게 되는 것이다. 그리고 다음으로는 시간적 차원에 있어서의 비즈니스 찬스를 발견하기가 쉽게 된다.

즉, 시간을 중시함으로써 시간면에 있어서의 소비자 메리트를 이해하기 쉽게 되며, 비즈니스 찬스를 찾아내기가 쉬워지게 되는 것이다. 그리고 마케팅 활동에 있어서의 시간관리(Time Management)가 철저해지기 때문에 효율성이 좋은 마케팅 활동이 가능해 진다는 것도 생각할 수가 있는 것이다.

또한 타임 마케팅에서는 미래예측에 있어서 특히 중요한 역할을 다해 준다고 하겠다. 그 이유란, 미래를 예측함으로써 현재의 위치성을 이해할 수가 있어, 현재보다도 더 훌륭한 마케팅 전략이 입안될 수 있기 때문이다.

보다 훌륭한 마케팅 전략의 입안에는 정확한 미래예측이 전제가 되기 때문에, 미래라고 하는 시간 인식이 강하게 작용하는 타임 마케팅은 유익한 프레임 워크(Frame work)를 제공해 주는 것이다. 그리고 타임 마케팅에서는 시간의 절약, 시간의 유효적절한 사용방법이 테마가 되어지기 때문에 마케팅 그 자체의 효율이나 합리성의 추구가 통상의 마케팅 이상으로 요구되고 있는 것이다. 또한 타임 마케팅에서는 마케팅적 발상을 창출(創出)하는 위에서 시간의 해석 가운데서 생겨나는 발상이 보다 많이 출현되기 쉽다고 하겠다. 특히 현대 비즈니스 사회처럼 시간의 가치가 급속히 증가되고 있는 시대에서는 시간으로부터 마케팅 발상을 산출(産出)하는 편이 보다 큰 비즈니스상의 메리트를 향수(享受)하기가 쉽다는 것이 되어진다.

이상과 같은 특징을 지닌 타임 마케팅은 그 내용에 있어서 어떻게 되어 있는 것일까. 다음과 같은 타임 마케팅의 분류를 축으로 하여 그 내용을 검토해 보기로 하겠다.

3. 타임 마케팅의 분류

그러면 타임 마케팅에는 어떠한 것들이 존재하고 있는가를 생각해 보

도록 하겠다. 우선 타임 마케팅을 분류하여 타임 마케팅의 패턴화를 시
도해 보도록 한다.

【그림 3】은 타임 마케팅을 여섯 개로 분류한 것이다.

【그림 3】 타임 마케팅의 6분류

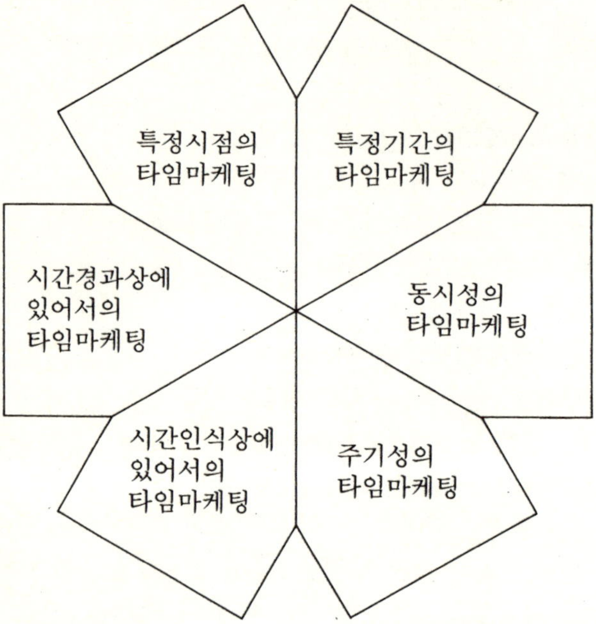

제일 처음의 것이 특정시점을 위요(圍繞)한 타임 마케팅, 그리고 특정
기간에 전개되는 특정기간 타임 마케팅, 시간의 흐름, 즉 시간경과상에
있어서의 타임 마케팅, 동시성을 특색으로 하는 동시성 타임 마케팅, 시
간의 주기성에 스포트라이트를 비춘 주기성 타임 마케팅, 마지막으로
시간인식상의 특징에 의하여 분류한 시간인식상 타임 마케팅 이상의 6
가지의 분류형이 있다.

다음으로는 간단하게 각 타임 마케팅을 설명해 보기로 하겠다.

최초의 것은 특정시점의 타임 마케팅이다. 【그림 4】는 특정 시점의 타
임 마케팅을 더욱 세분한 도표이다.

(1) 즉시형 타임 마케팅

이것은 리얼타임(Real Time)을 차별적 유리성(差別的有利性)으로써
인식하고 전개되는 타임 마케팅으로서 컴퓨터와 통신이 고도로 발전된
현대사회에서는 특히 비즈니스상의 메리트가 많은 것이다.

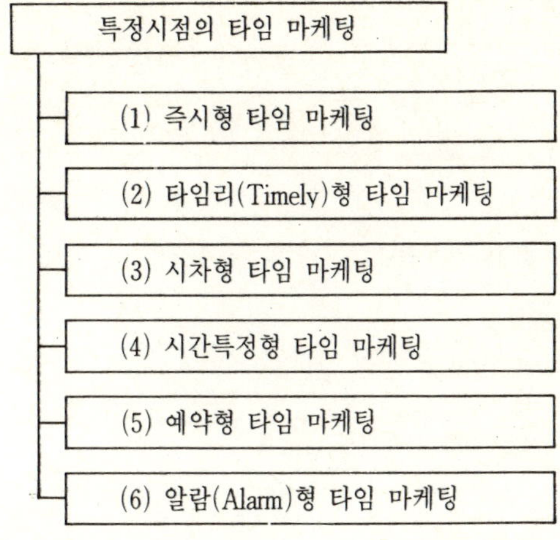

【그림 4】 특정시점의 타임 마케팅의 분류

(2) 타임리(Timely)형 타임 마케팅

이것은 타이밍이나 기동성을 특색으로 하는 타임 마케팅으로서 빠르거나 늦거나 하게 되면 그 이점이 극도로 저하되는 타임 마케팅으로서 향수(享受) 할 수 있는 메리트가 다른 타임 마케팅보다 통상적으로 각별히 큰 타임 마케팅이다.

(3) 시차형(時差型) 타임 마케팅

이것은 예를 든다면, 환(換) 등의 거래로써 국제시간차를 이용하여 이익을 도모하는 비즈니스처럼 시간차에 촛점을 맞춘 타임 마케팅이다.

(4) 시간특정형(時間特定型) 타임 마케팅

이 시간특정형 타임 마케팅은 타임바겐(Time Bargain)처럼 특정의 시간에 행해지는 마케팅으로서 고객흡인(顧客吸引)이라고 하는 프로모션의 면이 강한 타임 마케팅이다.

(5) 예약형 타임 마케팅

예약형 타임 마케팅은 미래의 특정시점에서의 예약을 중심으로 전개되는 타임 마케팅으로서 환거래나 상품거래에 있어서의 선물 시장에서 볼 수 있듯이 최근 특히 주목되고 있는 분야의 마케팅이다.

(6) 알람(Alarm)형 타임 마케팅

알람형 타임 마케팅이란 특정시점에서 경보를 발하는 시스팀을 파는

대상으로 하는 마케팅으로서 서비스업의 마케팅에서 많이 볼 수 있는 것이다.

다음으로는 특정기간의 타임 마케팅의 하위분류를 생각해 보도록 하겠다. 【그림 5】는 이에 대한 분류도인 것이다. 이것들은 5가지의 하위 타임 마케팅으로 성립되고 있다.

【그림 5】 특정기간의 타임 마케팅의 분류

```
┌─────────────────────────────────┐
│       특정기간의 타임 마케팅         │
└─────────────────────────────────┘
   │   ┌─────────────────────────────────────┐
   ├───│ (1) 이벤트(Event)형 타임 마케팅          │
   │   └─────────────────────────────────────┘
   │   ┌─────────────────────────────────────┐
   ├───│ (2) 데드라인(Dead Line)형 타임 마케팅    │
   │   └─────────────────────────────────────┘
   │   ┌─────────────────────────────────────┐
   ├───│ (3) 시간활용형 타임 마케팅              │
   │   └─────────────────────────────────────┘
   │   ┌─────────────────────────────────────┐
   ├───│ (4) 붐(Boom)형 타임 마케팅             │
   │   └─────────────────────────────────────┘
   │   ┌─────────────────────────────────────┐
   └───│ (5) 계절형 타임 마케팅                 │
       └─────────────────────────────────────┘
```

(1) 이벤트(Event)형 타임 마케팅

이벤트형 타임 마케팅은 특정기간 개최되는 이벤트의 타임 마케팅으로서 특정기간 동안밖에 수입이 없기 때문에 집중적이고 아울러 토털적으로 전개되는 마케팅이다. 이것은 실패하더라도 중도에 수정하기가 거의 불가능한 경우가 많으며 성공을 하게 되면 대단히 높은 이익을 가져오게 되는 마케팅이다. 박람회나 스포츠 이벤트 등 현재 화제를 모으고 있는 타임 마케팅인 것이다.

(2) 데드라인(Dead Line)형 타임 마케팅

데드라인형 타임 마케팅은 데드라인(마감일)이 존재하며 그 시점을 목표로 전개되는 타임 마케팅으로서 리드타임이나 원고마감 등 기한이 도래할 때까지 어떻게 성취시킬 것인가 하는 비즈니스 찬스를 중심으로 전개되는 타임 마케팅 등이 그 대표가 되는 것이다.

(3) 시간활용형 타임 마케팅

시간 활용형 타임 마케팅은 특정기간의 시간을 유효하게 이용하는 것을 세일즈 포인트로 한 타임 마케팅으로서 예를 든다면 비수기의 스키장

이나 아이스크림 메이커의 마케팅 등이 그 대표적인 예이다.

(4) 붐(Boom)형 타임 마케팅

붐형 타임 마케팅은 붐상태의 상품을 취급하는 경우의 마케팅으로서 붐을 보다 길게 유지하려고 하기 위한 마케팅이다. 이 타임 마케팅에서 미스테이크를 하게 되면 붐상태에 물을 끼얹는 결과가 되어 붐이 갑자기 사라져 버리는 경우가 많다. 패드(Fad) 상품의 마케팅이나 붐메이킹 마케팅(Boom-making Marketing)이 그 대표적인 예라고 하겠다.

(5) 계절형 타임 마케팅

계절형 타임 마케팅은 매년 되풀이 되는 계절마다 전개되는 마케팅으로서 순(旬)의 마케팅이 그 대표격이다. 이 타임 마케팅은 계절감의 연출이 중요한 것으로서 일본이 세계에서 가장 발전된 분야이다.

다음으로는 시간경과면에 있어서의 타임 마케팅 분류에 대하여 생각해 보기로 하겠다.

【그림 6】이 그 분류된 결과이다. 즉, 8가지로 세분되고 있다.

【그림 6】 시간경과상에 있어서의 타임 마케팅의 분류

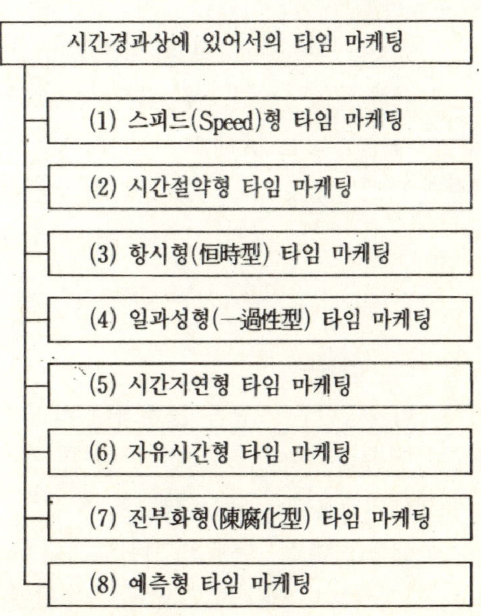

(1) 스피드(Speed)형 타임 마케팅

스피드형 타임 마케팅은 글자 그대로 스피드를 다투는 마케팅으로서 현대 비즈니스 사회의 특징의 하나로 꼽히고 있는 스피드의 속도를 마케팅 전개하려고 하는 것이다. 승용구(乘用具)의 스피드 뿐만 아니라 생선류의 선도, 컴퓨터 처리시간의 속도, 서비스의 신속성 등 다방면에서 보여지는 마케팅인 것이다.

(2) 시간절약형 타임 마케팅

시간절약형 타임 마케팅은 시간이 큰 가치를 지니고 있는 현대에 있어서 시간을 절약한다고 하는 매력적인 마케팅이다. 일본이 낳은 독창적인 상품으로서 세계적으로 크게 히트를 친 인스턴트 라면 등의 인스턴트 식품이 그 대표적이라고 하겠다. 타임 마케팅이라고 한다면 스피드형 타임 마케팅과 시간절약형 타임 마케팅을 연상케 할 정도의 타임 마케팅의 대표격이라고 할 수 있다.

(3) 항시형(恒時型) 타임 마케팅

항시형 타임 마케팅은 항상 연속하여 실시되는 비즈니스의 마케팅으로서 컨비니언스 스토어(Convenience store)의 24시간 영업이나 시리즈형 상품이나 정번상품(定番商品)의 마케팅 등이 여기에 포함된다.

(4) 일과성형(一過性型) 타임 마케팅

일과성형 타임 마케팅은 항시형 타임 마케팅과는 전혀 반대로서 단 1회만의 비즈니스를 위한 마케팅이다. 예를 든다면 백화점의 신규개점의 경우, 오프닝세일이라든가 하는 것이 그 예라고 하겠다. 이것은 매출액 예측이 극히 곤란한 마케팅으로서 상품을 팔다가 남은 것은 모두 폐기처분하는 케이스가 많으며 손익문제가 전면(前面)에 클로즈업 되는 마케팅이기도 하다.

(5) 시간지연형 타임 마케팅

시간지연형 타임 마케팅이란 시간을 늦추거나 시간을 뒤로 물리게 함으로써 소비자에게 만족을 주는 마케팅을 말한다. 또는 경쟁을 벌리는 신제품을 타사가 발매하였을 때 자사(自社)도 똑같은 신제품을 발매할 때까지 자사의 기존상품을 디스카운트하거나 캠페인을 전개하거나 하여 시간을 벌려고 하는 마케팅도 이 시간지연형 마케팅에 속하는 것이다.

(6) 자유시간형 타임 마케팅

자유시간형 타임 마케팅은 소비자가 자유롭게 시간이나 기간을 설정할 수 있도록 한다거나 플렉시블 타임(Flexible Time)으로 소비자의 편의성을 추구한다거나 하는 마케팅을 말한다. 즉 시간설정의 탄력성을 세일즈 포인트로 하는 마케팅이라고 할 수 있다.

(7) 진부화형(陳腐化型) 타임 마케팅

진부화형 타임 마케팅은 상품을 될 수 있는 한 빨리 진부화시켜 다음에 발매되는 새로운 신제품을 소비자로 하여금 구입하도록 노력하는 마케팅을 말하는 것으로서 패션업계나 자동차업계에서 많이 볼 수 있는 타임 마케팅이다. 일본의 자동차업계나 가전업계의 모델체인지 전략은 세계적으로도 유명하지만 고도의 마케팅 능력이 필요하다는 점에서는 마케팅의 꽃이라고 불려지는 타임 마케팅이라고 할 수 있다.

(8) 예측형 타임 마케팅

예측형 타임 마케팅은 미래의 특정시점의 예측을 현재의 시점에서 행하여 그와 같은 예측을 세일즈 포인트로 하여 전개해 나가는 마케팅을 말한다. 예를 든다면 은행에서 발매되고 있는 달러 시세연동형변동이회전(時勢聯動變動利廻轉) 저축을 그 예로 꼽을 수 있다. 이것은 소비자가 스스로 달러가격이 높아질 것인가 아니면 떨어질 것인가를 예상하고 본전보증으로 예상이 적중하게 되면 대폭적으로 높은 금리를 얻을 수 있는 예금이다. 이 예금은 은행에 있어서 소비자의 상담에 응하면서 예측을 세일즈 포인트로 하여 판매해 나가는 것으로서 타임 마케팅으로 분류되어 지는 것이다.

다음으로는 동시성 타임 마케팅의 분류에 대하여 생각해 보기로 하겠다.

【그림 7】이 그것으로서 두 가지의 종류로 나누어서 생각해 볼 수가 있다.

【그림 7】 동시성 타임 마케팅의 분류

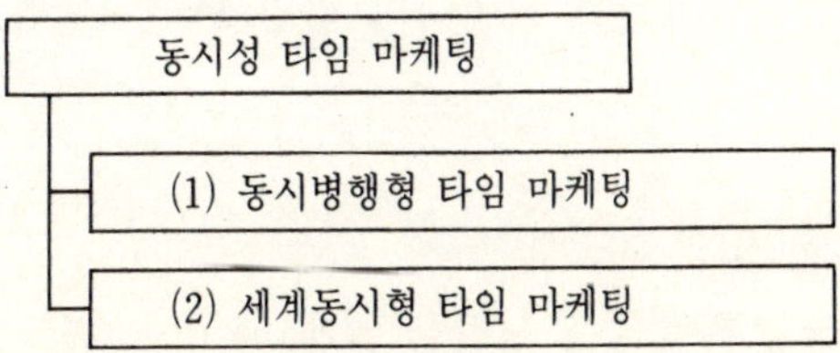

(1) 동시병행형 타임 마케팅

우선 동시병행형 타임 마케팅에 대해서인데, 이것은 컴퓨터에서 말하는 Time Sharing이나 동시처리기능 전화서비스 등이 대표적인 예이다. 오늘날 컴퓨터의 진보에 의하여 동시병행형 타임 마케팅이 매우 이용하기가 쉬워지게 되었다.

(2) 세계동시형 타임 마케팅

세계동시형 타임 마케팅은 세계의 보더레스(Borderless)화, 글로벌(Global)화의 진전에 의하여 가속적으로 증가해 가고 있는 마케팅이다. 특히 일본, 미국, 서유럽에서 전개되는 마케팅은 신제품 발매나 각종 서비스 등으로 동시에 행해지는 일이 많으며 세계동시형 타임 마케팅이 세계기업에 있어서 불가결한 마케팅으로 되어지고 있다.

그렇다면 주기성(周期性) 타임 마케팅은 어떤 식으로 분류되고 있을까. 【그림 8】은 이에 대한 분류이다.

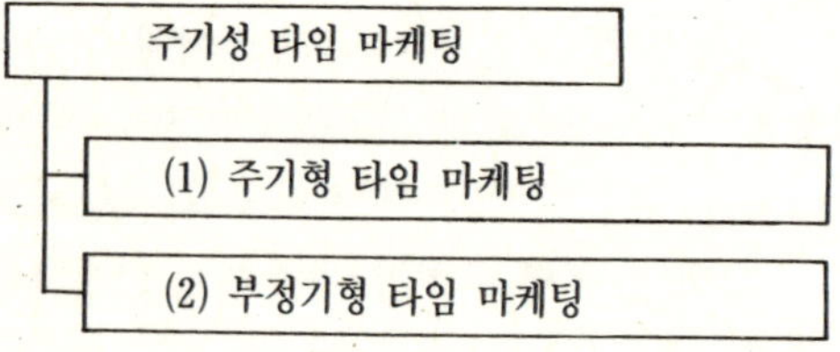

【그림 8】 주기성 타임 마케팅의 분류

(1) 주기형 타임 마케팅

주기형 타임 마케팅이란 주기적으로 찾아오는 것들에 대하여 전개되는 마케팅을 말하는 것이다. 예를 든다면 크리스마스라든가 발렌타인데이의 마케팅이 그 전형적인 예라고 할 수 있다. 다음으로는 부정기형 타임 마케팅인데 이것은 주기적인 것에 속하지만 그토록 규칙적인 것이 아니라 부정기적으로 실시되는 마케팅이다.

마지막으로 시간인식상에 있어서의 타임 마케팅이다. 【그림 9】는 이에 대한 분류이다.

(1) 시간망각형 타임 마케팅

시간망각형 타임 마케팅은 시간을 잊게 해 주는 비즈니스의 마케팅이다. 예를 든다면 도쿄(東京)디즈니랜드나 빠찡고 오락실 등은 시간의 흐름을 잊어버리게 해 주는 비즈니스인데 이들을 위해서는 어떠한 마케팅

【그림 9】 시간인식상에 있어서의 타임 마케팅

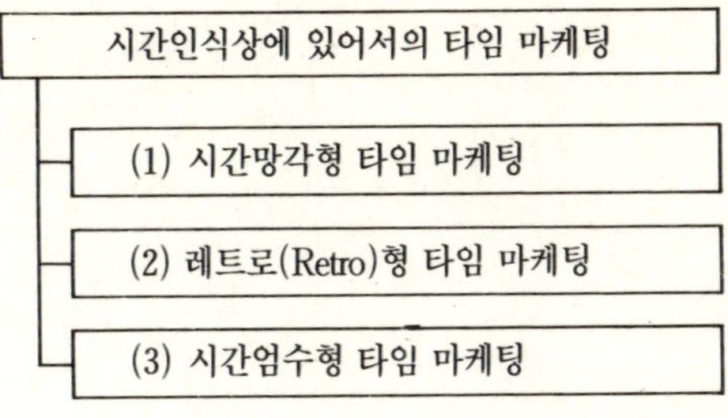

을 전개해야 할 것인가를 생각하게 된다. 레저 마케팅(Leisure Marketing) 등에서 표현하고 있듯이 현재 일본에서 매우 주목되고 있는 마케팅이다.

(2) 레트로(Retro)형 타임 마케팅

레트로형 타임 마케팅은 지난날 유행했던 것을 다시 리바이벌 시켜주는 마케팅인데 리마케팅(Remarketing)으로써 연구되고 있다. 60's의 음악이나 패션붐, 라무네의 마케팅, 셀룰로이드 상품의 부활 등 최근 주목되고 있는 분야의 마케팅이다.

(3) 시간엄수형 타임 마케팅

시간엄수형 마케팅은 시간을 정확하게 지키는 것을 세일즈 포인트로 하는 마케팅이다. 'Just in time' 이라든가 'Punctual' 등을 전면에 내세우는 것이다. 일본기업이 세계에서 이토록 활약하고 있는 것도 이 시간엄수형 타임 마케팅의 뛰어난 솜씨가 효과를 발휘하고 있는 것이라고 생각된다.

이상과 같이 타임 마케팅은 여러 모양으로 전개되어 발상면에서 대단히 흥미있는 마케팅 분야라고 말할 수 있는 것이다. 그리고 마케팅을 시간적으로 발상 자체를 고쳐봄으로써 새로운 마케팅 발상이 창출될 가능성도 있는 분야라고 할 수 있는 것이다.

이 논문에서는 시간을 마케팅 측면에서 발상을 재조명하여 새로운 타임 마케팅을 만들어 냄으로써 보다 적극적으로 시간이라는 개념을 마케팅에 도입해 보려고 시도한 것이다. 마케팅 발상에 있어서 타임 마케팅이 발상의 자극제가 된다면 다행스러운 일이라고 생각하는 바이다.

편역자
어 윤 태

고려대학교 기계공학과 졸업
고려대학교 교육대학원 졸업
(株) 금성사 TQC과장, 판촉부장, 인사본부장 역임

(現) 럭키금성그룹 이사
한양대학교 강사

저서 및 역서「판매QC 매뉴얼」
「데밍식 경영」

그림해설 **타임 마케팅**　　　　　값 : 7,000원

초판 1쇄 인쇄	1992년 7월 10일
초판 1쇄 발행	1992년 7월 15일

저 자 미야에이지
편역자 어 윤 태
발행인 박 경 일

한국산업훈련연구소

주소 : 서울시 동대문구 신설동 104-20호

TEL. 234-4174~5　FAX. 234-6070

등록 : 1978년 6월 24일 No. 1-256

Printed in Korea

ISBN 89-7019-108-9 13320